HEART

心|視野

HEART

心視野

被浪貓撿到的男人

捨て猫に拾われた男

梅田悟司——著
葉廷昭——譯

CONTENTS

前言

愛狗的我，收養了喵星人，人生從此改變軌跡

小時候，我在老家養過一隻柴犬，所以我從小到大就是個徹頭徹尾的愛狗人士。

當高齡十七歲的愛犬「千早」往生時，我悲痛得宛如世界末日降臨。

想當年，我不太喜歡自由又率性的貓咪，反而是狗狗忠誠敦厚的態度深得我心，我也希望自己可以成為那樣的人。

不過，世事難料啊。

由於老婆大人的一句話，我們參加了貓咪認養活動，在因緣際會下收編了黑貓「大吉」。

如今我深受貓咪感化，成為一位愛貓人士，連生活態度都大有轉變。

是的，收養一隻貓咪扭轉了我對人生的看法。

當我尋思自己的心境變化，注意到以前毫無自覺的一個想法。

過去我自詡為愛狗人士，想變得跟狗狗一樣忠誠敦厚，其實我只是在說服自己，應該當一個忠誠敦厚的人罷了。

貓咪想撒嬌的時候就撒嬌，不想理人的時候便又抓又咬，看到大吉這樣自由奔放的生活方式，讓我產生了一個想法：

「我也想隨心所欲地生活！」

這是我真正的心聲。

也不知道是跟大吉一起生活之後才開始有這種心情，還是因為年紀增長的關係。

然而，歷經在職場多年力爭上游的競爭歲月，我也開始懂得順應生活周遭事物的道理。

而這種人格上的成長，似乎跟我喜歡上貓咪的變化互有關聯。

說不定我以前不喜歡貓咪，反過來說也是對自由的一種憧憬吧。

貓咪率性而為，從不逢迎諂媚，但牠們仍舊受人喜愛。反觀現代人每天都在看別人的臉色過活，貓咪的生活方式確實能帶給我們一些啟示。

我希望透過這一本書，告訴大家我從大吉的背影中學到了什麼教訓。同時，各位要是能從本書中感受到養貓的美好，願意當一個「貓奴」肩負起貓咪的一生，對我來說也是無上的喜悅。

▲ 剛收編到我家的大吉

序章

相遇的一人一貓

一眼結下不解之緣

二〇一二年十一月，我跟老婆大人來到陌生的地下鐵車站。

走出車站來到地面上，戶外正下著雨。據說在雨量稀少的夏威夷有一個傳統，假如在婚禮或喜慶之日下雨，當地人會認為那是老天爺庇佑的象徵。現在回想起來，雖然是在日本，但也許我跟老婆大人在冥冥之中也獲得賜福了吧。

離開車站走過一個街角，遠遠一塊招牌就這麼映入我們的眼簾。

「貓咪愛心認養會，現正舉辦中。」

其實，我是拗不過妻子的要求才來到這裡的。

由於平常我很晚下班，老婆大人希望獨處的時候能有一隻貓咪陪她玩。我能理解她的心情，況且沒時間陪她是我的不對，所以我也不好意思拒絕。

不過，有個問題我蠻擔心的。

那就是——我是個愛狗人士，恐怕還是天生的愛狗人士。

在我讀國一時，柴犬「千早」就來到千葉縣的老家跟我們生活了。我跟牠每天一起玩耍，到空地上盡情奔跑。即使在我出社會以後暫時到外地工作，偶爾也會回家看看千早。

千早直到高齡十七歲才往生（編註：換算為人類的年齡，約八十四歲左右）。不可思議的是，在牠去世的那一天，我剛好帶著將來要共結連理的老婆大人回家，和千早還有家人共享久違的天倫之樂。

我曾經有意無意地問過老婆大人，養狗狗不好嗎？但老婆大人每次聽到這個問題，總是委婉地拒絕我，她說自己的個性比較像貓咪，跟貓咪比較合得來。

狗狗有責任感，貓咪則自由奔放。

考量到這兩者的對比，我絕對支持狗狗，因為我的內心有一部份實在不喜歡貓咪的生活方式。不過既然老婆大人說她想認養貓咪，我也只好答應她考慮看看。

我不太喜歡去寵物店那樣的地方，去那裡我會有種心痛的感覺。幼小的動物特別惹人憐愛，至於那些逐漸長大的動物，說句不好聽的話，牠們的商品價值便所剩無幾了。我能理解這樣的商業模式，並不代表我願意接受。因此，既然有貓咪需要新的伴侶，那我們就去認養貓咪也不錯。

才走近那一塊招牌，耳邊就不時傳來熱鬧的貓叫聲。

當我和老婆大人抵達認養會場，裡面已經先有幾位來賓了。人與貓的比例大概是：貓貓、人、貓貓貓貓貓貓、人、貓貓貓貓、人。

工作人員們親切的招呼聲，伴隨著貓咪活力充沛的可愛叫聲，歡迎我們的到來。

「二位是第一次認養貓咪嗎？」

「是的，我們看了網頁介紹有先聯絡。」

「多謝二位蒞臨，那我們這裡的貓咪呢……。」

「喔喔、原來如此……。是這樣子啊。」

在前往認養活動之前，我們有先瞭解過這些貓咪的生平與遭遇。不過，聽聞現場工作人員的解說後，我們才真正體認到這些貓咪的人生，或者應該說牠們的「貓生」有多麼坎坷。一想到這些貓咪以前的際遇，我心中升起一股難以言喻的感受。

我心想老婆大人也是心有戚戚焉吧……不料我回頭一看，老婆大人早已不見蹤影了。她和工作人員一起跑去看貓咪，詢問每隻貓咪的性情，和牠們接觸互動。

俗話說男人活在過去，女人活在未來，這句話果真說得沒錯。

於是我也提步前去貓咪所在的區域，和牠們互動玩耍。

當中有三花貓、雙花貓、賓士貓、玳瑁貓……。

每一種貓咪都各有牠們的優點，也看得出來牠們都拚命地展現自我，來獲取一線生機。那模樣令人心酸，卻又表現出強大的生命力。

其中我看到一個空的籠子，我走過那個籠子前面，心想裡面的貓咪是不是已經被領養走了？突然間，我察覺到有視線緊盯著我的背後。待我走回去怯生生地探望籠子裡面，這才發現黑暗中有兩顆晶亮的黃眼珠。沒錯，籠子裡有一隻隱藏在黑暗中的貓咪。

這隻與黑暗同化的貓咪，完全不在意周遭的騷動，牠只是靜悄悄地觀察我的動靜。籠子上的告示牌寫著「名稱：時雨，推算六個月大」。

「原來，這些毛小孩的生日不詳啊。」

就在我思考這個不足為奇的疑問時，工作人員來到旁邊，跟我解說時雨的脾性。

「時雨牠生性乖巧，不過玩耍時可是非常活潑喔。」

說著，工作人員伸手抱起時雨，從籠子裡撈出牠漆黑的身體。曾跟狗狗一起生活的經驗讓我一眼就看出來，時雨已經快要脫離幼貓的階段了。

時雨似乎很喜歡那位女性工作人員，一點也沒把我放在眼裡。牠舒服地躺在工作人員的懷中，對周遭的人群則有些緊張和警戒。

聽說牠是在路上閒晃時被帶回來接受保護的，連出生的地點都不清楚。

「想抱抱看嗎？」

我還來不及回答這突如其來的問題，工作人員就把時雨交到我手上了。

「不要啦，人家不想離開，再多抱一下嘛，那傢伙我又不認識！」

時雨彷彿在抗議似地，拚命伸出前足抵抗，牠的前足跟身體比起來顯得特別修長。被我抱住的那一瞬間，牠還盯著我的眼睛，喉頭發出細微的咕咕聲。

不過，我腦中的貓咪資料庫裡，並沒有「咕咕」這樣的聲音。

據說貓咪安心時會發出呼嚕聲，撒嬌時會發出喵喵聲，心情不好時會發出威嚇的哈氣聲。那麼咕咕聲代表什麼意思？難不成是「我跟你無話可說」的意思嗎？

總之人家都發出咕咕聲了，我也無可奈何。

時雨用一種浪貓特有的眼神凝視著我，我無法迴避牠的眼神接觸，一人一貓共處了一段平靜的時光。

我下意識地伸出右手食指，撫摸時雨的下巴。動物很不喜歡來自頭臉上方的撫摸，因此撫摸時一定要從下方出手，有跟貓狗生活過的人都知道這個潛規則。

時雨舔了我的手指一口，可能是稍微放鬆戒心了吧。

好粗糙的感覺……。

貓咪舌頭的觸感跟我想的完全不一樣。

一點也不平滑，有夠粗糙的。

這意外的觸感令我起了雞皮疙瘩。後來我才知道，貓咪是用舌頭來理順身上的毛，舌頭上的倒刺也具有梳子的功能。

我再次迎向時雨的目光，牠一直凝視著我，我們又一次四目相望。

「要我陪你一起住也不是不行喔。」

我似乎聽到了貓皇開恩，所以我在內心裡答覆。

「感謝大人成全。」

也許，這一刻就已經奠定了我們未來的上下關係吧。

主意既定，事不宜遲。我帶著時雨去拜見正在跟其他貓咪玩耍的老婆大人，上奏我想收編時雨的意願。當老婆大人抱起時雨的時候，牠又咕咕叫了一聲。

我告訴老婆大人，時雨一直跟我四目相望，顯然是想跟我一起生活無誤。而且黑貓的性情溫柔善良，儘管外觀看上去不大吉利，但帶回家養絕對福蔭有餘。

我盡訴滿腔的熱忱和所有與黑貓相關的知識，老婆大人只說她也喜歡黑貓，便爽快地答應了我的請求。

我們向主辦單位傳達認養的意願後，簽了一份臨時認養同意書，並細心聆聽今後的認養流程。

首先，貓咪必須接受結紮手術，以免往後小貓亂生沒有人照顧。接著，還要經過一個月的試養期才能正式簽約。

我跟老婆大人接受一切要求，在離開會場前訂下了跟時雨再會的約定。

在回家的路上，老婆大人對貓咪的名字有意見了。

「你不是說黑貓在外觀上不吉利，養在家裡會福蔭有餘嗎？那麼就取名叫『大吉』，代表為我們家帶來大吉大利怎麼樣？」

我想起了時雨的面容，牠身上散發出黑貓特有的倔傲氣息，圓滾滾的四肢想必在今後也會更加健壯吧。大吉這個名字跟牠實在是太速配了，我也非常贊同。

在等待收編大吉的這段日子，我們參加了地方團體召開的貓咪飼養教室，也讀了好幾本跟貓咪生態有關的書籍，靜心等待相見歡的那一天到來。

然而，我在閱讀相關書籍時，看到了一段頗為在意的內容。

「當貓咪凝視對方時，是心懷警戒的證明，請務必小心留意。」

原來當時大吉的眼神交流是在提防我啊，這世上有些事情還是不要知道比較幸福。

雖說我自願成為貓奴是出於這個可愛的誤會，但遇見大吉確實扭轉了我對人生的看法。

沒錯，好心收養浪貓的我，反倒被大吉拯救了。

第一章 生活

還是自己的窩好

沒有什麼地方是一開始待起來就很舒適的，我們需要時間去熟悉與適應。然而，光是這樣還不夠，還得努力營造出自己喜歡的環境。

大吉第一天來我們家的情景，我到現在都還記憶猶新。

我跟大吉在愛心認養會上相遇，是在牠來我們家的三個禮拜以前。我跟老婆大人，還有大吉本人都趁著這段時間進行同居準備。

我跟老婆大人除了去百元商店添購器材，在窗戶上加裝柵欄以免大吉逃跑。此外，我們也閱讀不少養貓的相關書籍，還參加地方團體召開的貓咪飼養教室，甚至去做身體檢查，確認是否對貓咪過敏。所幸體檢結果是陰性，我跟老婆大人都放心了。

另一方面，大吉也必須接受考驗。

那就是結紮手術。

讓貓咪接受結紮手術防止小貓增加，是同意認養的必要條件。我想很多的愛心認養團體都有這麼一條規則，跟大吉分開後我的內心一直忐忑不安，只希望手術順利結束才好。

不久，院方告訴我們手術順利結束，大吉一切安好的消息，我到現在都還記得自己鬆了好大一口氣。同時，我們也加快了準備工作的腳步。

終於到了領養當天。

認養協會的女性負責人，親自帶著大包小包來我們家。那些是大吉還沒有改名之前就在使用的飯碗、水盆、小型廁所、毛巾、大型雙層貓籠，以及裝著大吉本人的外出包。

我們七手八腳地幫忙把這些大包小包的東西搬進房間。後來我們才知道，負責人會親自帶著貓咪前來認養者的住所，用意是為了確認貓咪即將入住的環境。

再來要組裝籠子，擺放飯碗、水盆和廁所，做好萬全的準備，迎接「那一刻」到來。

我是在場唯一的男性，需要體力的組裝工作自然就交給我了。

據說貓咪有很強的地盤概念，一下子被丟到陌生的房間裡，可能會驚恐得拔腿狂奔。這個籠子等於是大吉用來拓展自身地盤的重要據點，所以我欣然接下這個組裝的重責大任。

我動作俐落地組裝配件，想要快一點再見到大吉。

沒想到，這麼做卻是適得其反。

「太大的聲音會嚇到貓咪，麻煩請安靜組裝。」

負責人平靜地勸誡我，我就跟一隻聽話的小狗一樣乖乖答應，默默地組裝貓籠。

我在組裝的過程中，非常在意裝著大吉的外出包。看著外出包絲毫沒有一點動靜，我甚至開始懷疑到底有沒有貓咪在裡面？

大吉應該很緊張吧。

我不斷地在腦海中想像大吉不肯離開外出包的緊張模樣，還有自己溫柔抱起牠，把牠放入貓籠的景象。我在心裡對大吉說，再等一會兒就好了，然後安靜地加快組裝速度。

好不容易，所有準備都就緒了。

平日照顧大吉的負責人，伸手打開外出包的拉鍊。

之後的景象就跟電影的慢動作鏡頭一樣。

拉鍊才打開三分之一，大吉就探出頭來了。我跟老婆大人緊盯著大吉探出頭來的模樣，然後大吉飛也似地跑出來，一反先前低調的態度。

「喔喔。」我的聲音夾雜著驚訝與歡喜，大吉用圓滾滾的大眼睛凝視著我，也許是聽到我的聲音了吧。我們一對上眼，大吉就朝我衝過來了。

「想我是吧？畢竟我們三個禮拜沒見了嘛，我也很想你喔。」

我張開雙手想抱住大吉，黑色的軀體卻穿過我的雙手，直接跑進籠子裡去了。

整個過程不到三秒鐘，目睹我們互動的老婆大人莞爾一笑。

大吉的警戒心極強，好幾天都不肯離開籠子。

那段期間，我跟老婆大人想方設法要幫助大吉適應。

我們盡量不刺激大吉，用溫柔地聲音呼喚牠，幫牠替換籠中的食物和飲水，清掃牠專用的小廁所。我們還把自己平常使用的毛巾放入籠中，讓大吉習慣我們的氣味。

有時候我們夫妻也會在擺放籠子的房間裡，和大吉一起過夜。

大約過了一個禮拜吧，有一天我忙著加班開會很晚才回家，我一回到家就發現黑漆漆的客廳和平常不太一樣。老婆大人睡著後把電燈都關掉了，我不清楚房內的動靜，但確實有什麼東西存在的氣息。

我怯生生地打開電燈，就看到大吉露出肚皮仰躺在地毯上。

一人一貓對望良久。

「好像被這個鏟屎官看到了不該看的景象耶。」

大吉表現出這種頗為尷尬的表情。

牠總算願意離開籠子了，我壓抑著滿心的歡喜和想要抱住牠的衝動，假裝沒有看到牠耍笨的模樣。如果我貿然靠近，牠肯定又會一溜煙逃回籠子裡。

躺在地毯上的大吉，也偷偷觀察我的動靜。雙方僵持了大約半個小時後，大吉進入甜蜜的夢鄉中，想必在陌生場所生活的緊張感，也令牠身心俱疲了吧。

自從那一天過後，大吉開始會往來於籠子和房間之中，後來牠便再也沒有躲進籠子了。用不了多久時間，牠就把整個房間當成自己的地盤了。

現在我跟老婆大人躺在沙發上，牠就會走過來擺出一種「別搶我位子」的表情。我們必須摸摸牠的腦袋，表示小的只是借躺一下沙發，牠才會心不甘情不願地離去，或是乾脆直接窩在我們的大腿上。奇怪的是，大腿被牠佔領的感覺還不賴。

我以前也經歷過各種環境變化，比方

說搬家、轉學、意外調任、部署異動等等。

當時我一心想要快點融入新環境，所以表現得比平時更為開朗親切。雖然這麼做能比較快融入大家，不至於顯得格格不入，但也讓我在無意間加入了特別活潑的群體之中，有時當一天結束之後，我會感到特別疲勞。

收編大吉以後，我又經歷一次重大的部署異動。這一次我效法大吉的態度，提醒自己保持自然就好，不必刻意勉強。說也奇怪，大家就這麼接納了我最真實的面貌，職場環境反而比以前還要舒適。

此外，我還學到了一個道理。

那就是，當你遇到無法接受的事情時，就應該據理力爭才對。自從大吉離開籠子之後，只要我跟老婆大人惹牠不高興，牠就會用爪子教育我們不要太過囂張。

多多表達自我主張，才能獲得舒適自在的環境，這是我從身上的抓痕所學來的教訓。

裝乖也不是一件容易的事情

年紀越大就越容易虛情假意，要趁著還沒被虛情假意支配以前，好好面對自己的心聲。

大吉離開籠子後沒多久，就把整個客廳當成自己的地盤了。籠子原本是牠的安全據點，但牠再也沒進去過了。

「等到不需要籠子的時候，請記得把籠子送回來。」

當初愛心認養會的工作人員有這樣叮囑過我們，於是我們在確定大吉不會再進到籠子以後，就準備把籠子送回指定的場所。

我開始動手清理雙層的大型貓籠。

「以後，其他貓咪也會住進這個籠子裡，跟新的家人一起生活吧。」

我一邊擦拭籠子，一邊腦補這種溫馨小劇場。用來擦拭籠子的抹布，才用不到一個月就髒了，而抹布上的髒汙，是大吉來到我們家生活的證明。最後我拆解籠子摺疊起來，用黑貓宅急便寄送回去。

本來擺放籠子的地方，現在放置著我們從附近賣場買來的三層鋁櫃，專門用來收納大吉的各式物品。

最下層收納大吉的箱形廁所，由於改變廁所的位置會讓貓咪感受到壓力，因此廁所依舊放在原先籠子的擺放位置。含有大吉氣味的貓砂我們也有留下來，放在廁所裡給大吉使用，如此一來，廁所的搬遷工程便算是告一段落了。

鋁櫃第二層是放置大吉上廁所的相關物品，例如備用的貓砂和塑膠袋，用過以後變硬的貓砂就裝進塑膠袋裡。

第三層擺了幾個收納盒，裡面放的是毛巾和玩具之類的雜貨。就這樣，大吉鐵塔的百貨部門算是完工了。

不過，光是百貨部門完工不代表大吉鐵塔真正完工。因為我打算在鋁櫃旁加裝一個兩公尺高的貓塔，組成「大吉雙塔」。

貓咪追求的一切貓塔統統都有，簡直就是夢幻國度。

首先，貓塔具有三層立體構造，喜歡上下運動的貓咪保證滿意。貓咪可以在這樣的設施盡情地跳上跳下，頂端還有一個能夠俯瞰房間的圓形床鋪。雖然目前大吉的身體還算嬌小，要爬到頂端可能還得花上一些時間，可是不難想像這裡絕對是往後大吉安居的福地。

貓塔的支柱上纏有結實的繩子，大吉隨時都能用來磨爪子。這座貓塔等於提供了運動、玩樂、美容、睡眠的機能。

話雖如此，看似完美的貓塔也不是全無缺點。

比方說，貓塔的重量相當沉重，這樣在貓咪跳上跳下時才不至於搖晃。

想當然，組裝貓塔的工作就落到我的頭上了。我汗流浹背地組裝貓塔，大吉竟然躺在老婆大人的腿上睡大頭覺，真是過太爽。

弄了兩個小時，大吉鐵塔的住宅區完工了，我們家的地標「大吉雙塔」正式落成啟用。大吉雙塔魁偉的樣貌，絲毫不亞於東京鐵塔和晴空塔啊。

不過，這時候誰也沒有想到，當天晚上就發生意外了。

晚上我在寢室裡睡覺，聽到客廳傳來高亢又細微的聲音。睡意正酣的我雖然有注意到細微的聲響，但意識仍徘徊在夢境與現實之間，所以一直以為那是在睡夢中聽到的聲音。

然而過了好久，聲音都沒有停下來。

我凝神仔細聆聽，這才發現那是大吉在喵喵叫的聲音。

不曉得出了什麼事，我起床前往客廳一探究竟。

門一打開，大吉的叫聲就停止了，可能是看到剷屎官來牠就安心了吧。我望向大吉平常安坐或睡覺的地方，沒有看到牠的身影。大吉又叫了一聲，彷彿在訓斥我找錯地方了。

發出聲音的位置比我想像的還要高，我轉頭看著聲音傳來的方向，在黑暗中看到一雙黃色的瞳孔。大吉從貓塔頂端探出一顆小腦袋，向我尋求援助。

我大概知道發生什麼事情了。

總之，大吉爬上貓塔頂端，結果卻下不來，真搞不懂牠是怎麼爬上去的。我站在貓塔前面仰望大吉，這傢伙明顯鬆了一口氣，要我快點救牠下去。我伸出雙手抱下大吉，本想摸摸牠的身體聊表慰問之意，牠卻用小腳踢開我的胸口，逃到客廳去了。我想，這就是所謂的恩將仇報吧。

危機處理結束，我回到寢室正想睡大頭覺，結果沒多久又聽到遠處傳來熟悉的細微叫聲了。救援行動就這樣一直重複到天明破曉之際。

除了這件事之外，大吉也持續用牠小巧的身體，發揮出難以想像的運動能力。

有一天，牠把我收在百貨區第三層的玩具擅自拿出來玩。想必牠一定是默默觀察我跟老婆大人收放玩具的過程，所以才知道玩具放在哪裡吧。

問題是，牠究竟是如何爬上收納櫃第三層拿出玩具，又如何平安回到地面上的呢？

最後是「深夜運動大會」。

聽到「深夜運動大會」這個字眼，大家可能會聯想到什麼色色的事情吧？但貓咪的深夜運動大會，算是夜行性的貓咪特有的活動。當夜深人靜的時候，貓咪就會跑跑跳跳、大吵大鬧。

運動大會的時間長則一小時，短則二十分鐘。我們看牠差不多快玩累的時候，沒多久牠就會直接睡死，好像剛才的大吵大鬧從來沒發生過一樣。

想當然，我跟老婆大人也必須參加深夜運動大會。大吉的體能非常好，我們真的很好奇那小小的身軀，到底哪來這麼多的力氣。

我們會在不吵到鄰居的前提下，和大吉玩你追我跑的遊戲，不過牠的動作實在太靈活了，我們根本追不到。拿逗貓棒跟牠玩的話，牠就會用力咬住逗貓棒的前端，直接從我或老婆大人手中搶走逗貓棒；丟小皮球給牠追，牠會以非常快的速度直接超越小皮球。

每次看到這種景象，我就不免內心產生一

種感觸，也許釋放野性才是大吉牠最原本的姿態吧。因此，我跟老婆大人每天都會參加深夜運動大會，幫助大吉發揮牠的本能。

反觀我們人類又如何呢？

真心話和虛情假意混雜在一起，久而久之還把虛情假意當成自己的真心。

我認為最重要的是，永遠不要忘記自己堅信的事物，以及構成自我核心的真正心聲。

我每晚揉著惺忪的睡眼參加貓咪深夜運動大會，所以對這一點有著很深刻的感觸。

無能的魅力

優秀的人獲得大家的尊敬，無能的人深受大家的疼愛。

我和老婆大人，小時候都有跟狗狗一起生活的經驗。

一回到家狗狗就會搖著尾巴迎接我們，我們也會帶狗狗出去散步。狗狗在吃飯前會發出撒嬌的聲音，吃完後會跑到我們腿上討拍。基本上這已經超越人與動物之間的關係，成為精神上的一種伴侶了。

在我們的腦海裡，這一連串的記憶就是我們跟動物生活的初體驗。

所以我們對於大吉這隻貓咪，也會不經意地產生一些要求。例如「坐下」或是「握手」。

「坐下」和「握手」不光是寵物服從飼主的象徵動作，同時也是最基本的教養與技藝。對聰明的狗狗來說，要做到這兩項形同家常便飯；而對不太聽話的狗狗來說，也不是完全做不到的行為。

正因為有這種「不論是任何狗狗都辦得到」的觀念，我們就以為「大吉也一定辦得到」。

不過呢，結果一直不盡理想。

也不知道該說是遺憾，還是理所當然。

大吉始終沒有達成我們要求的「坐下」和「握手」。

即使我們把食物擺在大吉面前，叫牠乖乖坐下，牠也只會疑惑地看著我們，露出一種完全搞不懂我們在幹什麼的表情。

接著，若是我們伸出手要教牠「握手」，牠會凝視我們的手掌，看我們手上是不是有擺放食物。然後，牠還會特地聞聞我們手掌的味道，一旦確認沒有東西吃就咬我們一口。

「不要裝出好像要給我東西吃的態度喵！」如果大吉會講人話，大概會說出上面這句話吧。

然而，我並沒有馬上放棄。

「再訓練一陣子，大吉肯定會學起來的。不對，搞不好是我的教法有問題？或許換一種方式牠就聽得懂了。」

我抱持著積極正面的態度，展開了猛烈的特訓。

比方說，在給飼料以前，我會按著大吉的腰部，試圖讓牠乖乖坐下來。接著我會說握手，牽起牠的小手手。

這時大吉就會露出恍然大悟的表情，好像在說牠終於明白什麼是坐下和握手了。

我每天教牠，可是牠卻每天忘記，這樣的日子持續了好一陣子。

這樣互動其實蠻幸福的，但長期教育還是毫無長進，會想放棄也是人之常情。也不知道大吉是否明白我的心思，每當我快要放棄的時候，牠就會表現出類似坐下或握手的動作。大吉實在是太擅長挑逗人心了。

我和老婆大人一看到大吉乖乖聽話，就高興得手舞足蹈。我們以為訓練終於有成果了，於是再接再厲努力訓練大吉。可是隔天牠又依然故我，最後又得重新教來過。這一教，五年的時間就過去了。

教得成「坐下」和「握手」的話，那當然是一件開心的事情。相對地，大吉學成後我們肯定又會有其他要求。與其這樣還不如啥都不會，就沒有貪心不足的煩惱了。

從這個角度來看，正因為有辦不到的這個前提在，所以偶爾辦到的喜悅也特別珍貴。用積極正面的觀念來思考，無能絕對不是一種缺點，而是帶給我們極大喜悅的優點，就好像人生的調味料一樣。

也許，我和老婆大人應該感謝大吉不會「坐下」和「握手」。

人類也適用同樣的道理。

能力優異的人通常背負著成功的壓

力，旁人認為他們成功是理所當然的，一旦失敗就會受到責怪；反之，無能的人沒有背負那樣的期待，大家覺得反正他們失敗也是理所當然，假如他們達成一件很簡單的事情，大家就會拚命稱讚他們，好像他們完成了豐功偉業一樣。

我想請教各位一個問題。能力優異的人和無能的人，到底哪一邊比較好？相信各位都會選擇無能的人，對吧？

明明這是一個很簡單的道理，但幾乎所有人都會選擇當一個幹練的人，這也可以說是人性使然。我真心覺得，這就是害我們活得很痛苦的原因。

自從和大吉一起生活後，我開始接受「無能的自己」。我終於有勇氣承認自己的無知，以及力有未逮的地方。

「優秀的人很帥氣。」

「無能的人很丟臉。」

我發現只要拋棄這樣的成見，就能享受更輕鬆自在的人生。

同時我也在思考，是不是過去的我一直忙著包裝自己，才會背負了一堆不必要的壓力？

當然，這並不是要擺爛給旁人添麻煩的意思。而是唯有當我們能夠接受不完整的自己，才會尋思和其他人合作的方法，並且寬容對待別人。

如此一來，雙方的關係會變得更加密切，我們有不懂的地方，對方也願意好好說明，遇到困難旁人也會主動伸出援手。

不要逼迫自己當一個優秀的人，這種觀念會造成我們與他人的隔閡，使我們在待人處事上過於嚴苛。優秀的人大多認為，自己辦得到的事情別人也應該要辦得到。

後來我看到一篇介紹貓狗差異的報導，總算瞭解到為什麼大吉不會「坐下」和「握手」了。

「狗狗的想法是，人類餵我、疼我，他們一定是上帝沒錯。」

「貓咪的想法卻是，人類餵我、疼我，我一定是上帝沒錯。」

假如這一篇報導的內容正確，那也難怪大吉不明白為什麼要學會「坐下」和「握手」才有飯吃了。搞不好在牠的觀念裡，牠紆尊降貴來到我們家，反而是我們應該要感謝牠才對。

然而，大吉並沒有表現出這種桀驁不馴的態度。

也許牠是為了我們好，才故意不肯「坐下」和「握手」的吧。這讓我又再一次感受到，貓咪的天性中隱藏著深奧的處世哲學。

人生不是只有天堂

人生有一帆風順的時候，也有時運不濟的時候；兩者的落差越大，才是我們有好好活過的證明。

大吉很喜歡洗澡。

照常理說是狗狗喜歡玩水，貓咪不喜歡玩水才對。由於我有這種先入為主的觀念，所以第一次幫大吉洗澡的時候，牠的反應讓我非常訝異，我樂得完全合不攏嘴。

大吉來我們家一個月後，我才第一次幫牠洗澡，那時候牠已經很適應我們夫妻二人，還有家中的環境了。同時，我們常看到牠用後腳在抓脖子，便決定幫牠洗澡。

教人如何飼養貓咪的書上有寫，貓咪會自己把身體舔得很乾淨，所以其實沒有幫牠洗澡的必要。

不過老實說我很懷疑，從來沒刷過牙的嘴巴，能把身體舔乾淨嗎？

據說貓咪的舌頭有粗糙的突起，那些突起有類似梳子的功能，能夠理順牠們身上的毛，並且給予滋潤。

因此，我們家所謂的洗澡並不是用市售的貓咪沐浴乳來洗，而是替牠稍微梳洗一下，沖掉過去顛沛流離的髒汙與疲勞。

我和老婆大人用的浴缸對大吉來說太深了，只好改用放置換洗衣物的塑膠水桶，來充當大吉的浴缸。塑膠水桶的直徑，大約三十公分左右。

貓咪的耳朵非常好，一聽到水龍頭放水的聲音，或是水滴到地板的聲響就會嚇到。我決定先在水桶裡放滿熱水，再慢慢把大吉放入水中。

我換成不怕弄濕的短袖衣褲，以免被水濺得滿身都是。可是穿成這樣子，萬一大吉慌亂掙扎的話，我的全身上下就有被抓傷的可能。

我可是抱著受傷的覺悟幫大吉洗澡的！

我先在盥洗室脫下衣服，然後前去抓住大吉。大吉也不疑有他，乖乖地讓我帶到盥洗室。

浴室的門一打開，大吉可說是進入了一個未知的領域。因為浴室的門平常都是關著的，否則萬一大吉掉到放滿水的浴缸裡可就危險了。

貓咪遇到未知的事物，通常有兩種反應。

一是恐懼感勝過好奇心，這時牠們會壓低身形冷靜確認現場的狀況。二是好奇心勝過恐懼感，牠們會試著伸長脖子，以前傾的姿勢輕輕抽動鼻子，聞聞看那樣東西的味道。

大吉進入浴室後，做出了第二種反應。

「這下應該沒問題！」

信心大增的我緩緩蹲下去，將放滿水的塑膠桶推到大吉面前，溫柔地跟牠說話，這是要避免帶給牠多餘的刺激。我沒有直接抓起牠就開始洗，而是先讓牠瞭解狀況，卸下心房。

「這是泡澡用的，泡進熱水裡面，能消除一天的髒汙和疲勞喔。」

「喔喔，是這樣啊喵。」

我們倆用眼神互相溝通交流，同時我先讓牠的腳泡進水裡。大吉的反應還不賴，牠的腳、腰部、身體都泡進去了，就相當於人類泡到肩膀的狀態。

「天啊，這超級舒服的啦。」

大吉露出了十分享受的表情，彷彿品嚐到了無與倫比的快樂。對大吉來說，這個未知的空間形同天堂。

看著大吉放鬆的模樣，我的心中產生了兩個邪念。

第一，我想拍照留念。第二，我想把老婆大人找來，跟她分享這個光景。

遺憾的是，在我手邊沒有手機或照相機。我沒料到洗澡的過程會如此溫馨和諧，所以沒考慮到拍照留念的可能性。

不過就算照相機就在手邊好了，我的雙手必須支撐大吉的身體，隨意鬆開一隻手拍照，重心失衡的大吉很有可能會胡亂掙扎。再者，濕潤的手要怎麼操作電子產品啊？我的第一個夢想不得不放棄了。

那好，要找老婆大人來我就得扯開嗓子大吼才行。不過在這之前，我事先關上了浴室、盥洗室、客廳的門，以防大吉逃走。

「喂——！老婆大人吶！大吉泡澡超可愛的啦，快來看喔～」

我若吼出穿越三道門的聲音，大吉一定會被嚇得驚慌失措。全身上下只穿單薄衣物的我，保證絕對會被抓個遍體鱗傷，看來這個選擇也不得不放棄了。

體驗過絕望的人，才會變得更加堅強。

現在，我終於能夠好好面對水桶裡的大吉了。我一撫摸大吉的皮毛，牠就表現出很舒服的模樣。我的撫摸動作很輕柔，純粹是幫牠把脫落的毛洗掉而已。黑色的細毛飄浮在桶子的水面上。

身體差不多暖和了以後，大吉離開水桶。這時，平常蓬鬆的體毛都濕淋淋的貼在身上，底下細小的骨架完全表露無遺。依我看，這根本不叫大吉，應該要叫「小吉」才對。

我用事先準備好的浴巾包住大吉，幸福的入浴時間本該就此結束才對。不過，我卻怎麼也擦不乾牠的身體，然而要是沒擦乾就放牠到客廳，地板保證會濕成一片。貓咪身上的毛太密集了，吸水能力真是不容小覷。

於是，我決定拿吹風機來吹乾牠的毛。

吹風機運轉的聲音響起，噴出強勁的熱風。討厭聲音和熱風的大吉，發出「啊嘎」的怪叫聲跌入恐怖地獄。

沒錯，離開天堂後等著牠的正是地獄。

「對不起，請忍耐一下！」

我迅速幫牠弄乾後，剛才的「小吉」又變身成「蓬鬆吉」了。

在二十分鐘內接連經歷天堂與地獄的大吉，這下飛也似地逃到客廳去了。

牠是寧可洗澡後被吹乾呢？

還是乾脆不洗澡，來逃避討厭的吹風機呢？

面對這個惱人的抉擇，大吉會定期站在浴室的門前面，表示牠還要享受「泡澡的快樂」。

俗話說得好，人生本來就是有起有落。現在我發現這種「起伏落差」，才是人生最美妙的滋味。

我甚至覺得天堂和地獄、成功和失敗並非個別存在，而是事物的一體兩面。

成功前總是少不了痛苦，有些不幸也是追求成功之後才會遇到。

自從我跟大吉學習到人生至理後，我既不會貪戀愉快的享受，也不會對困境過度悲觀。

我不但變得更加堅強，也懂得將精神專注在眼前的事物上。

遇到煩心事睡覺就對了

面對困難時該怎麼辦才好？

如果是解決不了的問題，那就果斷放棄，交給時間解決吧。

據說，日文的「貓咪」一詞，源自於「愛睡覺的孩子」。

然而，大吉卻給我們一種從早玩到晚的印象，可能是牠正值愛玩的年紀吧，所以我們對這個說法不太有認同感。

一大清早起床，大吉就會來找我們討抱抱；晚上我回到家裡，牠又忙著參加深夜運動大會。看著大吉活力充沛的模樣，我本來並不相信貓咪愛睡覺，直到某件事發生後，我的印象卻來個一百八十度大轉變。

有一天親戚過世了，我們必須前去弔唁才行。

我和老婆大人在傷心之餘，還要忙著做外宿前的準備。大吉察覺到我們的異狀，露出了一副疑惑不解的表情。

我們除了準備正式服裝和換洗衣物，連交通方式和旅館都安排好了。

在我們忙著做準備時，大吉發出了不安的喵叫聲，可能是過去當野貓的直覺告訴牠，這次事情不單純吧。牠會不安也是在所難免的，畢竟這是牠第一次獨自長時間看家。

等夫妻倆的行李準備得差不多了，再來就該幫大吉做準備了。

首先，我們安裝了自動投放飼料的機器，這是之前買來以備不時之需的，沒想到這麼快就派上用場了。這台十分優秀的機器，只要設定好投放飼料的方式，時間一到就會自動給予固定份量的貓糧。

大吉已經結紮了，熱量消耗比一般貓咪要來得少。因此我們依照獸醫的建議，把基礎飯量再減少一成，不然牠很快就會變成肥貓了。一餐的貓糧是二十公克，設定一天給牠吃兩次。

「萬一事情擔擱了，這些貓糧有可能會不夠，千萬不能讓大吉餓死。」

有鑑於此，我們在機器裡放入了兩、三天份的貓糧。我們先確認機器能夠順利運作，飼料就這樣準備好了。

第二項準備是監視器。

有一種免費的應用程式，可以隨時透過手機監看房子裡的狀況。當然，要是真的出事情，我們也遠水救不了近火，但親眼確認大吉平安無事總是比較令人放心。

此外，這個監視器的功能很齊全，一察覺到物體移動就會自動進行錄影。

這種監視器，通常是屋主旅行或出差不在家，或是小孩子一個人看家時才會用到。當時宣傳文宣上寫著「小貓看家也能用喔」，這句話刺激了我們的父母心，所以就買來用了。

我安裝監視器的位置，可以俯瞰整個房間的狀況。

「唉唉、不好意思，要暫時分別了！」

我忍受內心煎熬，想要給大吉一個擁抱。可是亢奮的大吉到處亂跑，我完全抓不到牠。搞到最後我也沒能來個感動的道別，就離開家門了。

到戶外一得空我立刻開啟應用程式觀看，大吉似乎很苦惱地在房子裡走來走去。那景象看得我好心痛，一直到搭上飛機都難以忘懷。

後來不管我做什麼事，腦子裡想的都是大吉。

例如在路邊看到黑貓。

在衣服上發現貓毛。

甚至看到飯糰上的黑色海苔，我都會想到牠。

一想到牠，我就會尋找牠的身影。

明明牠並不在我身邊……。

每次我一想到大吉，啟動應用程式的頻率就會變高。不過，我並不是手機成癮，是大吉成癮才對，要說是戒斷症狀也絕不為過。

看了幾次家中狀況後，大吉的情緒漸趨平穩，也緩和了我們的不安。相對地，一股失落的心情油然而生。

我們一抵達親戚家就有關心大吉，晚上就寢前後也有關心，甚至在回程的飛機起飛之前也未曾或忘。

無論我們何時觀看自家狀況，大吉都在固定的位置縮成「ㄈ」字型睡覺。而且，監視器也沒有記錄物體移動的畫面。換言之，在我們沒打開應用程式的時候，大吉也都完全沒有移動。

這段時間長達十八個小時。

整整十八個小時都沒動。

這表示，大吉足足睡了十八個小時。

沒錯，大吉真的「很愛睡覺」。

說不定，大吉在某個時間點，發現自己無力解決這個狀況。反正無力解決，那就乾脆倒頭大睡，讓時間來解決問題。

據說在雪山遇難時，保住性命的最佳手段就是溫存體力。因此，假如在登山時遭遇危急時刻，務必記得首先要保持身體溫暖，不要隨意亂動，留下求救的記號後就地乖乖等待救援。

沒有人教過大吉這個道理，牠卻自己展現出來了，我非常敬佩如此深不可測的求生潛力。

從那之後，我在遇到煩惱時也都會先隔一段時間再處理，或是乾脆倒頭大睡。有時候先隔一段時間再處理，問題反而會出現轉機，激動的情緒也會平靜下來。睡醒後腦筋變清醒，也比較容易想出正面的解決辦法。

當然，有些問題不在當下馬上處理，就會變得越來越嚴重，所以要從問題的緊急性和重要性來判斷，是先處理比較好，還是要隔一段時間再處理。

順帶一提，我們回家時大吉伸了一個超級大懶腰。也是啦，連續十八個小時都用同樣的姿勢睡覺，全身難免僵硬嘛。

伸完懶腰後大吉把腦袋湊過來，彷彿在說自己一整天都很寂寞，要我們好好獎勵牠辛苦看家一樣。牠應該沒料到，自己熟睡十八小時的模樣，都被我們用遠端連線監視器給看個一清二楚了。

我摸摸大吉的腦袋，好好滿足牠想討拍的心情。然後，給牠一個稍微有點痛的強力擁抱。

與此同時，還有一件不可思議的事情。

自動餵食的機器裡，好幾天份的貓糧幾乎都被吃光了。

一定是大吉把手手伸進機器的投放口，持續掏出裡面的貓糧來吃吧。

不曉得牠是不是一次全部吃完，肚子吃得這麼飽，也難怪會頭昏昏、腦鈍鈍地睡上十八個小時了。

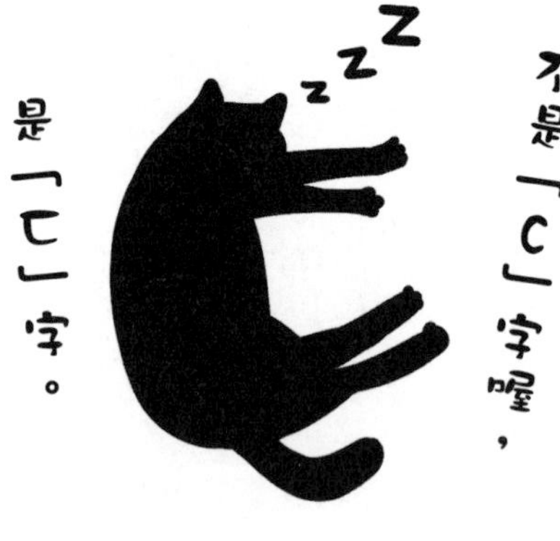

喜歡狹窄的地方

適合自己的用起來比較安心，
不要追求自己用不起的大房子或無限可能性。

在認養貓咪以前，有一件事情必須先做好準備。那就是尋找住家附近有沒有動物醫院。寵物每年都必須接種疫苗，身體不適的時候也得帶牠去看病，所以有一個能夠隨時請教的獸醫非常受用。

我在網路上查了一下，發現穿越小型商店街再走十分鐘就有一家動物醫院。我和老婆大人在當地住了很久，也曾多次經過那家醫院前面，卻從來沒有注意到那是一家動物醫院。直到認養大吉後，我們才真正瞭解自己居住的城鎮，這種小發現也蠻令人開心的。

知道附近有動物醫院，我們便比較放心了，再來就是預約接種疫苗，這也是為了讓大吉健康生活的準備工作。

到了接種疫苗當天。

我們減少大吉的早餐份量，讓牠提早吃完。

我溫柔地哄著大吉，將牠一把抱起來。就在我準備把牠放進籠子帶到醫院時，牠對陌生的塑膠籠產生高度警戒，說什麼也不肯進去裡面。

牠的前腳抵住籠子的入口，後腳死命撐在地上不肯移動。

不過，我畢竟是個成年人。我很清楚勉強塞牠進去，一定會遭遇更頑強的抵抗，所以我用哄小孩子的語氣，勸牠乖乖進去籠子裡，到醫院注射疫苗。

照理說，大吉應該不懂「醫院、注射、疫苗」是什麼意思，但牠一聽到這三個詞以後，就用雙腳踹開我的胸口，全力逃到客廳了。

那時候我才知道，人在真正受到重擊時不會喊痛，只會縮在地上不發一語。

之後大吉便對我產生高度警覺心，我一試圖接近牠，牠就會測量我們兩個的間距，跟我保持一定的距離。

「這樣下去，根本沒辦法帶牠去醫院，而且等到打針時牠保證會瘋狂地掙扎！」

就在我手足無措之際，老婆大人現身了。

我把事情的前因後果告訴她，結果她從換洗衣物中抽出一團類似白布的東西，遞到我的面前。

「放進去不就得了？」

老婆大人手中握的，是網狀的洗衣袋。

當下，我絲毫不能理解老婆大人是什麼意思，我反而埋怨她為什麼不認真想個辦法，幫忙解決眼前的困境。

可是，五秒後我完全想通了，就好像腦袋裡的齒輪順利咬合運轉一樣。

貓咪不好塞進堅硬的外出籠，洗衣袋卻沒有這樣的問題。塞進洗衣袋後，看是要再放進外出籠或較大的包包都行。再者，把裝有大吉的洗衣袋放到診療台上，可以在不受影響的狀態下測量牠的體重，甚至直接從網子的空隙幫牠打針。

我家有奇才啊！

老婆大人的聰明發想帶給我極大的震撼，我甚至覺得洗衣袋本來就不是拿來裝衣物的，而是用來帶貓咪去醫院打針的新發明。

就在我正佩服得暈頭轉向之際，老婆大人飛快抱起大吉，一下就把牠給裝進洗衣袋裡了。

大吉並沒有表現出討厭的表情。聽說貓咪喜歡狹窄的地方，這話一點也不假，恰到好處的狹窄空間會帶給貓咪安心感，一點也不覺得難受。

老婆大人把裝有大吉的洗衣袋交給我，大吉顯然比剛才安份很多。洗衣袋有網狀空隙，我們看得到彼此的眼神。我跟牠四目相對，牠的眼神就像在說自己很喜歡洗衣袋。

我拿較大的包包來裝大吉，正式出發前往醫院。在前往醫院的路上，大吉相當安份，看來老婆大人的決定是正確的。

抵達醫院後，第一次看診要先填寫病歷資料表。

我在病歷表上填寫大吉已經結紮了，並且註明我是帶牠來接種疫苗的，大致的年齡也要寫下來才行。

這時大吉依舊安份，沒有受到其他貓狗的叫聲影響。躲在洗衣袋裡面，牠不用擔心自己會受到任何攻擊。

稍待片刻後，醫生叫到大吉的名字，我帶大吉進入看診室。

我從包包拿出大吉，把牠放到診療台上，當然牠還是包在洗衣袋裡面。

這時候，我看到護士的肩膀在顫抖。

沒錯，年輕可愛的護士看到「貓咪裝在洗衣袋裡」的非現實光景，忍不住笑了。

獸醫也很佩服地說，他還是頭一次看到有人這樣帶貓咪過來。

診療的第一步不是測量體重，也不是看診或接種疫苗，而是要拍攝寵物的照片，貼在就診記錄卡上。

醫生提議讓大吉露出一個小腦袋就好，於是我讓大吉探出小腦袋來拍照。

請各位試著想像一下那個畫面，一隻黑貓從洗衣袋探頭出來的樣子，簡直就像是貓咪大福嘛。

很搞笑對吧？嗯，各位盡量笑沒關係。

當下我第一個笑出來，護士小姐見狀後知道笑出來也沒關係，她們也跟著笑了。

後來打針時大吉發出了驚叫聲，好在疫苗順利接種完成，我就直接帶牠回家了。不消說，牠還是裝在洗衣袋裡。

據說，人類在過於寬敞的地方會有心神不寧的感覺。當然不是所有情況都能一概而論，開闊的地方自有其壯麗之處，狹窄的地方也有令人安心的氣息。瞭解這個道理後，我在判斷事情時，例如買衣服、添購家具、選擇餐廳的時候，首先會考量的，就是「到底適不適合自己」。

此外，人生也有很多必須做出抉擇的場面。我不會選擇華而不實的事物，而是先考量到底適不適合自己，自己有沒有那個能力消受。

結果，我的生活滿意度提升了。近年來，提升生活品質的方法大行其道，然而，大吉卻天生就懂得這些方法。

現在大吉的就診記錄卡上，還貼著那一張牠縮在洗衣袋裡的照片。只有當時在場的人才會瞭解，為什麼大吉的照片會那麼奇怪。

記憶比記錄更重要

真正重要的事情，會留在我們心底。
正視現實比按下快門更重要。

這是一個社群網路服務盛行的時代。
我們常用手機拍下周遭的事物，再把美化過的照片貼在推特、臉書、ＩＧ上頭。
其中，飲食類的照片佔了絕大多數。比方說：
「今天我去某個地方吃烤餅了。」

「大家難得聚在一起吃晚飯，有知心好友相伴太棒了！」

寫下這些文章後，還要貼上令人食指大動的照片。

除了飲食相關的貼文以外，我的社群網頁上，最多的就屬貓咪的照片。由於我加了不少養貓人士當朋友，而且也追蹤了許多貓咪的資訊頁面，所以每當我瀏覽社群網頁，就會看到大量的貓咪照片和資訊。

我也會拍下心愛的大吉，經過可愛的加工後上傳到網路上。但那都是過去的事情了，因為拍攝黑貓有一大困難。

那就是鏡頭很難聚焦。

因為大吉是純黑色的，身上沒有色差。我找不到適合聚焦的目標，所以時常拍出模糊的照片。

用過數位相機的朋友應該都知道，稍微半按下快門，螢幕上就會顯示鏡頭對焦的綠色框框。然而我在替大吉拍照的時候，對焦功能卻完全派不上用場，每次都顯示「找不到拍攝目標」的錯誤訊息。

跟黑貓一起生活的日子，免不了要對抗那些該死的錯誤訊息。有時候運氣好，相機會出現對焦成功的綠色框框。但我按下快門以後，畫面上只會出現一個類似大吉的黑色物體，彷彿多了一個黑洞一樣。

「這樣根本沒辦法貼在社群網路上，連要拍張紀念照都有困難啊！」

一想到這裡，我拿起手機搜尋「黑貓、照相、對焦」等關鍵字，我幾乎是下意識拿起手機搜尋的。

沒想到這一搜尋，結果有夠多的……。

很多人在問答網頁上，試圖解開這個人類面臨的大難題：

「我們家的黑貓好難拍喔，請救救我吧。」

「拍攝黑貓沒辦法對焦耶，有沒有適合拍攝黑貓的鏡頭啊，我馬上去買。」

我的說法也許是有些誇張啦，但類似的問題在網路上是哀鴻遍野。當我發現自己的煩惱並不孤獨之後，終於有勇氣去觀看那些疑問的解答了。

解答大致分為兩種。

其一，拍攝黑貓需要亮度較高的鏡頭。其二，「眼睛」是黑貓全身上下唯一清晰的輪廓，拍照時，要對準眼睛才能對焦成功。

第一項與攝影者的技術無關，純粹是相機本身的問題。沒有亮度較高的鏡頭，機器就會把黑貓當成單純的黑色物體，拍出來就跟黑洞一樣。想要清楚拍出黑貓身上的皮毛，確實需要比較高級的相機和鏡頭。負責解惑的網友還附上了他們推薦的機種連結，我跟其他提問者一樣，也迫不及待地想趕快跑去購買新機替大吉拍照。無奈下面的一段話，完全澆熄了我的熱情。

「只是，精良的大型照相機拍照聲音頗大，貓咪可能會被嚇跑喔。」

這樣就沒意義啦……。

我重新振作，閱讀第二個解決方案，這次從中獲得了不少實用的建議。

拍攝黑色的身體很難對焦，但眼睛和身體其他部位有色差，對著眼睛拍照就能對焦了。說來也是，大吉的眼睛是黃色的，黑色和黃色的對比或許較好對焦吧。

我放下手機拿起數位相機，想替大吉拍一張美美的照片。想不到牠竟然縮在老婆大人的腿上睡覺。

睡覺當然不會睜眼，沒睜眼就無法對焦。換句話說，這快門一按下去又會變成黑洞。

老婆大人不明白我內心的糾葛，還問我怎麼不替大吉拍一張照片。

要我拍照就快點叫大吉起床啊！即便我這樣崩潰大喊，我想老婆大人也不會懂我的意思，我只能忍受這種有苦難言的焦躁感。

大吉可能是察覺到我的糾結了吧，牠開始活動身子張開眼睛。好樣的，這可是按下快門的大好機會啊！我架起相機稍微按下快門，畫面顯示對焦成功的訊號。我趕緊抓住這個機會按下快門。

我品嚐著滿足的快感，調出剛才拍下的照片。

畫面上有大吉張大嘴巴的影像。

沒錯，牠在我按下快門的瞬間打哈欠了。

我放大照片來看，焦點在牙齒和舌頭上。除了眼睛以外，嘴裡也有白和粉紅的色差，因此比較容易對焦。看著這張有點可愛又有點驚悚的照片，我喪氣地低下頭來。

後來，我並不執著替大吉的日常生活留影，而是選擇好好參與大吉的日常生活。改變的不只是我對待大吉的方式，還包括我去旅行或有什麼特殊活動的時候。

過去，我總覺得罕見的情景應該拍下來留念；現在，我反而覺得罕見的情景要好好烙印在眼底。

事實上，以前外國人常取笑日本人，去旅行一定要帶著相機四處拍才甘心。如今手機與相機合為一體，全世界的人都喜歡拿著手機死命拍照，我反而不想這樣做。

我寧可活用自己的五感，去感受那些相機無法拍下的氣氛，還有那一段包含了前因後果的時光。

按下快門不見得能留下完美的影像，可

能會發生失焦或攝影失敗的狀況，拍不好我們會難掩失望之情，但是用自己的眼睛來看就不會遺漏任何鏡頭了。

拍不出清晰影像的大吉，教會了我這個道理。

健康才是人生最棒的節約

身體出問題心情難免低落，
做什麼事都無精打采，而且看病很花錢。

「貓咪的天敵是什麼呢？」
大家知道答案嗎？
我想，大部份的人都會反射性地回答狗狗吧。
也有人可能會回答烏鴉。對野貓來說，烏鴉不只是搶奪牠們食物的競爭對手，同時也是會攻擊牠們的敵人。
關於這個問題的答案所在多有，我個人則有一個明確的答案。

那就是「腎衰竭」。

我想有養貓的人應該都心有戚戚焉吧。腎衰竭可說是貓咪的頭號死因，症狀一發生幾乎是救不回來的，嚴重的話有時當天就會死翹翹，無疑是貓咪最大的天敵。

本來在沙漠生活的貓咪，練就出不必喝太多水也能活下去的體質。因此有些貓咪的飲水量極端稀少，但飲水量太少會使得腎功能下降，有可能排不出尿液。本來應該和尿一起排出的毒素在體內流竄，最壞的情況下便會危及性命。

不瞞各位，大吉也曾經罹患腎衰竭危在旦夕，好在最後化險為夷了。

那一天，跟平常沒什麼兩樣。

負責清掃廁所的我，跟昨天一樣動手收拾大吉的貓砂。大吉也一如往常，在廁所裡的固定位置上完廁所。便便在前面，尿尿在後面，我拿起清理貓砂專用的鏟子，尋找大吉上完大小號的位置，奇怪的是我只鏟到便便，沒有鏟到尿尿。

現在回想起來，我早該在這時候就注意到牠身體的變化了。但我當時也沒想得太多，反正現在不尿之後就會尿了，我也就沒放在心上。

眼看著大吉有好好喝水，飯也都吃光光了，我便完全輕忽了事情的嚴重性。

隔天，大吉的身體就出現異狀了。不但把吃下去的飼料全部吐出來，還吐了好幾次混有泡泡的稀水，連尿液都沒有排放出來。

在那個節骨眼上，我想起之前參加貓咪飼養講座的內容。

「貓咪沒有尿尿時要特別注意……」

我憑著模糊的記憶上網尋找解答，找到一大堆可怕的報導。我嚇得面無血色，趕緊將大吉裝入洗衣袋中帶到動物醫院。抽血檢查的結果很嚴重，血清尿素氮超過一百，血鉀高達五點三。獸醫也說，貓咪沒有尿尿的話，千萬不能輕忽。

地方上的小型動物醫院沒有大規模的手術設備，醫生只說情況不樂觀，卻提不出更好的解決辦法。

我在回家的路上，火速打給老婆大人回報狀況，請她尋找附近的大型動物醫院。

我帶著大吉回到家，老婆大人查到一家動物急救醫院，搭計程車二十分鐘就會到。我們準備好大吉的血液檢查報告，以及牠平時會用到的物品、玩具、毛巾、飲食、飲水，就搭上計程車直奔醫院了。

搭車的時間很快就過去了。我先打電話到急救醫院報告大吉的狀況，再傳簡訊給公司的上司和同事，告訴他們我可能會請假一段時間。我在與很多同事共用的社群網站上，也有貼出同樣的請假公告。

過程中大吉一直很安份，平常牠就算大吵大鬧也不足為奇，現在牠會這麼安份是為了避免體力消耗吧。我跟老婆大人把手伸進洗衣袋小小的開口中，撫摸著大吉的身體，想要緩和牠的不安。

一到醫院，院方也瞭解事情的急迫性，辦完登記馬上就開始檢查了。檢查出來的腎功能數值跟上午差不多，醫生要我們做出困難的抉擇：

①假如大吉的體力已到極限，但還是堅持動手術，有死在手術台上的風險。況且大吉的腎功能衰退，也許無法從麻醉狀態下清醒。

②帶大吉回家，抱著牠等待最後的時刻到來。

聽見主治醫生如此開示的時候，我和老婆大人早就淚如雨下了。男人在這時候真是太沒用了，我二話不說就想帶大吉回到牠最喜歡的家，抱著牠一起走完最後一程。

然而，老婆大人卻以堅定的語氣說道。

「我想跟大吉一起生活，我相信大吉也是同樣的心情。趁大吉還年輕，賭看看牠的體力好了。」

老實說我很訝異，因為老婆大人平時性格溫柔婉約，很少如此明確表達自己的主張，我還以為她會先徵詢我的意見。

而我，面對一個還有救的生命，卻抱持著悲觀的思緒，我實在是對自己的軟弱感到可恥。

多虧了老婆大人堅定的心念，我也決定要讓大吉接受手術。我跟老婆大人說，不管結果如何，這都是我們該一肩承擔的抉擇。

手術隔著一層透明的玻璃進行。醫生替大吉麻醉後剖腹，用「腹膜透析」的方式，在肚子裡插管輔助腎臟功能。從管線中緩緩注入生理食鹽水，將含有毒素的液體排出體外，藉此改善惡化的數值。然而，這純粹是應急措施，腎功能和排尿功能都要恢復才算根本解決。

手術二十分鐘就結束了，接下來才是大問題。

大吉被轉移到充滿高濃度氧氣的箱子裡，身體好像產生什麼反射動作般不時地抖動，可惜並沒有清醒過來。

「萬一牠醒不過來怎麼辦？」

「不，不會的。」

我們在萬般糾葛中，哭光了一生的淚水，最後也只能對著玻璃箱內的大吉加油打氣。兩個小時的煎熬時刻過去了，大吉緩緩張開眼睛。牠從麻醉中清醒了，我和老婆大人一放心，又哭成了淚人兒。

之後大吉繼續留院治療，多虧腹膜透析的治療奏效，牠的腎功能數值逐漸恢復。我和老婆大人丟下工作和家務，只顧探望大吉，一心祈求牠趕快好起來。

四天後，大吉排出了大量的尿液。

根據護士的說法，牠尿到整個箱子都積水了，這麼令人開心的漏尿行為，人生中大概再也沒有第二次了。

又過了一個禮拜，儘管醫生沒有找出大吉腎衰竭的原因，但牠的腎功能數值恢復正常，終於可以出院了。

出院當天，我正準備把大吉抱出玻璃箱，大吉卻逃離我的擁抱，在醫院裡四處亂跑。眼看我和老婆大人慌了手腳，獸醫和護士只是帶著滿面的笑容，祝賀大吉恢復健康了。

再來，付完醫藥費就能回家了。

我一看到手術、住院、藥物的費用，整個人呆站在原地。由於保險沒有給付動物手術，價格十分昂貴。

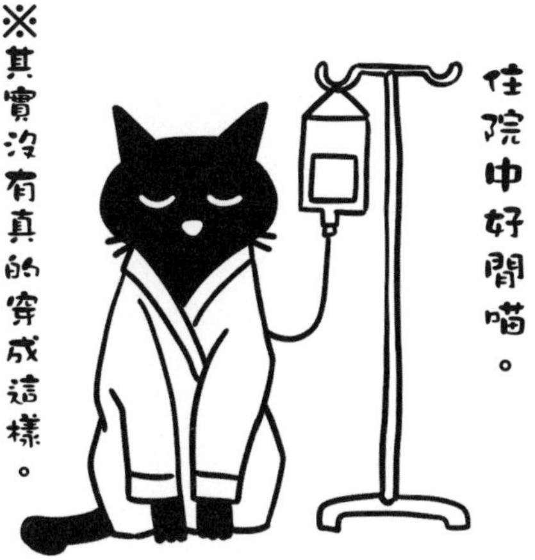

可是跟大吉的生命比起來，這算是很便宜的花費。我拿出信用卡，笑著跟櫃台說我要分期付款。

從那一天起，我也特別留意自己的健康。因為經過這次事件，我深知健康的重要性，在這世上，健康才是最好的節約方式。

專欄

流芳百世的貓咪名言

PART1

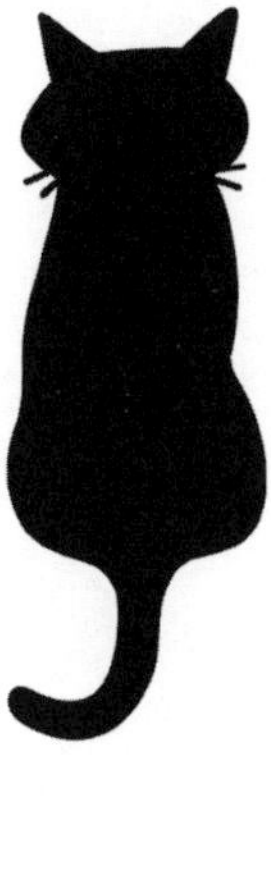

貓科之中最小的動物，
貓咪是最棒的傑作了。

——李奧納多・達文西

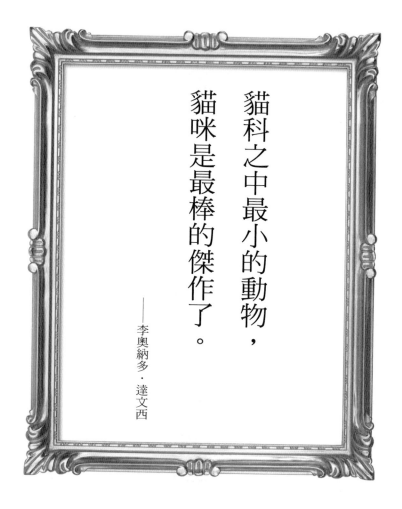

脫離人生困境的慰藉有二，
音樂和貓咪。

——阿爾伯特·史懷哲

陶醉

你能擁有狗狗，
卻無法用飼料收買貓咪。

——史尼奇・布朗

愛貓的營養食品
NEKO-CHAN
NEKOCHAN

貓咪的舉止，散發出一種
享受孤傲的氣息。

——路易斯・J・卡謬迪

像在沉思的貓咪

狗純粹是狗，鳥純粹是鳥，
貓咪則是人。

——馬克西・皮波帝

CAT ON CATWALK

第二章

工作與自我實現

留下抓痕又何妨

每一件工作都會展現出負責人的特性，要努力到最後，做好留下痕跡的覺悟。

跟大吉一起生活，有兩個問題一定躲不掉。

第一，是掉毛的問題。

無論是不是換毛的季節，我一年到頭都擺脫不了黑色的貓毛。而且貓咪跟人類不一樣，牠們全身上下都是毛，毛髮的生長量和掉落量不是人類所能比擬的。

第二，是爪子留下抓痕的問題。

不曉得各位知不知道，貓咪的爪子跟人類的指甲性質不太一樣。

雖然人類的指甲也是每天生長的，不過貓咪的爪子在變長的同時前端會變尖，一旦被抓到就糟糕了。所以為了預防貓抓事故，我會定期替大吉修剪爪子。

牠們的爪子中有白色和粉紅色的部份，這一點也跟人類相同。所以我必須細心修剪白色的部份就好，以免剪得太深。基本上，我要抱緊大吉防止牠亂動，否則要是剪到粉紅色的地方可是會流血的。

貓咪的爪子跟人類不一樣的地方在於，牠們的爪子會定期重長。貓爪本身有漸層的構造，表層剝落後底下會變成新的爪子，說成「爪子脫皮」可能會比較貼切。

每到「爪子脫皮」的時期，大吉的爪子就會很癢，磨爪子的次數也會跟著變多。

通常是抓貓塔的柱子或磨爪子專用的紙箱，不夠就改抓沙發的扶手，或是餐廳椅子上的柔軟布墊。而且牠是偷偷抓的，牠也知道我們看到會發脾氣吧。知道歸知道，癢的時候還是很想抓。

自從大吉來我們家之後，我一直細心營造一個沒有壓力的環境，讓老婆大人和大吉都過得輕鬆自在。因此我們教育牠要在固定的地方磨爪子，家中不會被牠抓得到處都是，牠也得以發洩想要抓抓的壓力，這對雙方都有好處。

所謂的教育也不是什麼特別嚴格或困難的事，如果牠在不該磨爪子的地方磨爪子，我們會用力拍手嚇牠一跳，如此而已。

我們會觀察大吉的行動，趁牠快要磨爪子時拍手。長此以往，牠就知道在什麼地方磨爪子會有討厭的聲音了。

基本上大吉是個好孩子，但家中難免還是會有一些抓痕。那不是故意抓的，純粹是不小心刮到的痕跡。

例如玩的時候不小心勾到窗簾，進出窗簾後方就會拉開一道口子，好好一塊布料隨即變成了白色條狀布。而大吉每次穿越縫隙，裂痕就會變得更大。

客廳的地板是牠每天玩耍、奔跑、玩逗貓棒的地方，一到晚上還得召開運動大會，所以整體都有細微的抓痕。雖然沒有很深，但陽光一照進來抓痕就變得很明顯。不是所有東西都跟沙灘一樣，在陽光的照耀下會閃閃發亮啊。

另外，平常我們禁止牠爬上去的餐桌，還有我們夫妻倆共用的辦公桌，不曉得為什麼也有留下抓痕。可能我們夫妻平常在家時，貓咪都在裝乖吧。到了晚上完全釋放野性，牠一定忙著在家裡到處探險散步。

還有一點不能忘了提，那就是我跟老婆大人身上的抓痕。

儘管身上的抓痕伴隨著無可救藥的痛楚，但這也是大吉來到我們家以後，人貓之間感情融洽的證明嘛，一想到這裡，疼痛和怒意也就緩和了不少。

大吉透過在各種東西上留下抓痕，加深牠對這個家的瞭解。

相對地，人類大多不想在自己的東西留下痕跡，特別是高價的房子或車子。換言之，我們總認為重要的東西是不能損壞的，必須細心對待。

姑且不論誰對誰錯，像大吉那樣盡情使用一樣東西，用留下抓痕的方式來增進親密感，似乎才是比較自然的行徑吧。

這件事讓我想起高中時曾經讀到的一篇採訪文章，採訪對象是日本的吉他之神布袋寅泰，他說的話帶給我極大的震撼。當記者問他，新吉他買來會先做什麼，他的回答如下：

「我剛買一把新吉他，一定會敲壞吉他背面的背帶扣，再貴的吉他都一樣。如此一來，就不會有想要細心呵護的念頭了，吉他就是要盡情彈奏才有價值，這便是我弄壞吉他的用意所在。」

現在我手邊沒有那一篇報導，想想那也是將近二十年前的事了，內容我並不是記得十分清楚，但大意差不多是那樣，我還記得自己高中時很佩服他呢。

佩服歸佩服，換成是我購買新吉他可不敢直接敲壞，會一直很愛惜地使用吧。

從這一點來看，大吉與生俱來就能達到吉他之神的境界。

「貓咪真是了不起啊！」

感受到吉他之神和貓咪的搖滾DNA之後，我才知道自己有多渺小。

我們人類太怕留下傷痕了。

除了害怕物理上的傷痕之外，精神上也不敢留下自己參與過的痕跡。

比方說，處理工作我們只求順利結束就好，以免被其他人否定。我們在無意間，養成了這樣的處世方法。

看到我這麼孬種，大吉教導我：「這樣沒辦法與眾不同啦，盡自己最大的努力，留下『充滿個人風格』的痕跡，這才是生活啊。」

試著在各種事物上留下痕跡，不要害怕留下痕跡。

有了這樣的觀念，我對自己處理的工作和企劃都有了不同的態度。同時有一股熱忱在我心中產生，往往會帶給我意想不到的幹勁和成果。

結果好就好

不論發生什麼問題，只要收尾方式好就不會受傷，

而且還有挑戰的機會。

貓咪即使從五樓高的地方摔下來，也有辦法在空中翻身翩然落地。牠們會把衝擊控制在最低限度，落地後迅速跑走。

相信這是很多人都聽過的貓咪奇聞吧。

曾經改編成卡通的柔道漫畫《滑稽大將》中，有一位貓師傅的絕招非常有名，叫做「貓咪空中三段迴轉」。不管對方的過肩摔多淩厲，牠都會說一句：「我轉轉轉轉」，然後在空中扭轉身子翩然落地。

順帶一提，那位貓師傅的配音員，是外號「丁丁」的愛川欽也先生。

國外有一個很趣味的思想實驗，名稱叫「奶油貓悖論」，這個標題乍看之下，根本搞不懂是在幹嘛的對吧。

這個思想實驗，是由兩個流言結合而成。一是「貓咪永遠用腳掌落地」，二是「抹奶油的土司，永遠是抹奶油的那一面落地」。

一旦這兩者結合在一起，就產生一個疑問了。

如果在貓咪背上綁著抹奶油的土司，將抹奶油的那一面朝外，那麼從高處落下的貓咪究竟會怎麼樣呢？

假如貓咪用腳掌落地的話，那麼第二個流言就破功了；若是奶油土司先落地，那第一個流言也不攻自破。甚至還有人說，這兩者結合會像永動機一樣在空中不停翻轉。這個話題在海外引起了關注，還有人拍成影片呢。

言歸正傳，總之大吉不管用什麼姿勢摔落，落地技巧永遠都是一百分。

也許各位會想，貓咪也不可能會用多奇怪的方式摔落吧？

不過，我必須鄭重告訴各位。

「貓咪摔落的動作絕對千奇百怪。」

平常大吉從自己睡覺的貓塔下來時，那是牠自願跳下來的，動作當然很正常。問題就出在牠非自願掉下來的時候。

例如，不該跳卻硬要往下跳，或是睡覺時不小心滑落下來。

當我們抱住大吉時，牠也常有不該跳卻硬要跳的情況。

有時牠在我和老婆大人懷裡睡得正香，突然一個心情不好或是想到什麼急事，就會揮舞爪子掙扎著要跳下去。用後腳踹開我們，甚至張口咬人也是常有的事情。

儘管大吉很任性，身為飼主的我們卻捨不得直接讓牠掉下去。我們在放開牠時，會盡量讓牠用前腳落地。萬一牠掙扎得太厲害，我們一個控制不住，承受不了疼痛或衝擊力才會不小心鬆手放開牠。

可是無論如何，大吉就是有辦法在空中翻身，以四隻腳穩穩落地。然後在落地的一瞬間，牠就像一道黑色閃電一樣消失無蹤了。

再來是睡覺時不小心摔下來。

照理說，在無意識之下摔落是無法做好落地準備的，但大吉依舊能夠翩然落地，絲毫不輸日本體操界的國寶級選手內村航平。

相信很多人都有夢到自己從高處落下，或是樓梯踩空而驚醒的經驗吧。大吉常在不該睡覺的地方，以極不自然的姿勢睡覺，所以這種突然間落下的經驗對牠來說猶如家常便飯。

最常發生落下的地點，就是窗邊的圓凳子。這張圓凳子放在窗簾的後面，高度大約四十公分，可以從較高的地方眺望戶外，可以說是大吉特別喜歡的場所之一。

然而凳子畢竟是圓的，大吉要是用優雅的貓咪坐姿坐著，那自然是沒什麼問題。但凳子用來睡覺實在太過狹窄，這就好比一個身高一百八十公分的成年人，硬要睡在小孩專用的床鋪上一樣，這個比喻大家應該都聽得懂吧。大吉就硬要蜷縮起身體和四肢在凳子上面睡覺。

蜷縮起身子睡在凳子上也就罷了，牠還會把臉頰倚靠在玻璃窗上，這可是用玻璃窗支撐腦袋的高難度睡姿。

我很佩服牠能用那種姿勢睡覺，瞧牠呼呼大睡的模樣，我真心覺得在任何地方都睡得著也是一種天份。

不過，奇蹟一般的絕妙姿勢，終究只是短暫的奇蹟。

重心失衡摔下來是必然的結果。

大吉重心失衡的方式也是千變萬化。有時候牠是完全睡死，腦袋往後倒才摔下來，也有腦袋往前倒摔下來的情況。有時候跟人類一樣，是突然驚醒才摔下來的。

這些情況都有一個共通點，明明落下高度才四十公分，牠就是有辦法使出絕妙的動作翻身，穩穩地用腳掌落地。

有時候牠摔下來的聲音很大，好在高度才四十公分，看牠也不怎麼痛的樣子，還會裝出一副若無其事的表情。接著，牠會走向我或老婆大人，用力伸懶腰打哈欠。

除了少數特例以外，大吉在任何情況下都有辦法順利落地，所有的落地技巧都是牠自己無師自通。

我從牠柔韌的身形之中，感受到在困境中堅定向前的頑強特質。

人類社會有一句話：「結果好就好。」相信有些讀者也很喜歡這句話，不過生性嚴謹的日本人，多半對這句話抱有負面印象。因為絕大多數人都認為過程遠比結果更重要，光是追求表面上的結果是沒有意義的。

過去我也覺得，過程遠比結果更重要。

可是跟大吉一起生活以後，我發現順利完成一件事情，尋求一個完美的句點，這也是在替下次的挑戰做好準備。

當下永遠是人生中最重要的一

部份，每一個當下都會逐漸變成過去，化為我們人生的其中一部份。

因此，為了替「未來」做好最佳準備，好好完成每一個「當下」是人生中非常重要的課題。

從高處俯瞰

受到好奇心影響而採取行動是有風險的，在接受一件事情之前應該仔細觀察。因此，我們需要一個登高望遠的位置，以及尋求心靈上的從容。

大家聽過「掃除貓」嗎？

這不是指自行啟動掃地機器人，幫忙人類掃除的貓咪，而是指喜歡站在掃地機器人上面的貓咪。

貓咪站在掃地機器人上面的模樣，可愛的程度不亞於掃除貓這三個字。沒看過的讀者請先放下本書，到 YOUTUBE 等影片網站上搜尋，保證能治癒您的心靈。

我也抵擋不了掃除貓的魅力。

想當然，我內心就只有一個念頭。

「我想讓大吉當掃除貓！」

我知道這是在給平靜度日的大吉添麻煩，但好奇心還是勝過了良知。於是我連忙跑到家電量販店購買掃地機器人，反正對我來說便利的掃除功能不是首要考慮條件。

我一走進居家清潔用家電的賣場，那裡有一個專門在賣掃地機器人的區域，當中有擺放各個廠牌的商品，價格、機能、大小都不一樣。

店員主動跑來找我搭話，可能是看我認真比較的關係吧。

「目前掃地機器人銷量很好喔，您要找哪一種的？」

我不好意思說，我是要找能讓貓咪搭上去的類型，只好故作冷靜地請店員推薦。店員說住公寓的話，用小型掃地機器人就夠了。

確實小型的價格合理，用電量也不大，就家計來說相對划算。而且還有靜音款式，不會吵到樓下或隔壁的鄰居。

店員的建議無可挑剔，只可惜太小台的掃地機器人大吉搭不上去。

我挑選商品的基準，端看機器的大小和動力能不能載得動大吉，還有機體顏色適不適合牠的黑色身軀。挑來挑去，我選擇了 ROOMBA 掃地機器人。

元祖的掃地機器人還是比較好。

要實現掃除貓計劃，果然還是元祖的最合適。

我迅速結完帳，帶著滿臉得意的笑容回到家，大吉看起來對我手上的大箱子很感興趣。

「你很快就能變身成為掃除貓囉。」

我自言自語地打開電源，就在機器啟動的那一瞬間。

「叮咚！」機器啟動的聲音響起，大吉以為是門鈴在響，還發出了怪叫的聲音，然後一溜煙飛快地爬到貓塔的最上面。房內只剩下掃地機器人俐落掃除的聲音。

不過，我並沒有就這樣放棄，畢竟買這一台掃地機器人也花了不少錢。先替大吉做好心理建設吧。

我播放手機上的掃除貓影片，另外也把娃娃放在機器人上頭示範給牠看。大吉看著示範的畫面，卻沒想過要自己坐在上面。

我摸摸牠的肚皮，牠就發出呼嚕聲睡著了，看來完全沒有想要搭上掃地機器人的意思。

大吉沒打算跟機器人合體，我的心理建設作戰也以失敗告終了。再來也沒什麼手段了。

唯一的方法，就是讓牠實際搭上去試試。

我將這個作戰稱為「咦？搭起來好像蠻愉快的耶」。

我跟平常一樣抱起大吉，溫柔撫摸牠的下巴和頭頂一帶。等牠眼神開始渙散，我以一定的節奏拍拍牠的背部。

大吉發出了呼嚕呼嚕的聲音……。

前置作業準備完成了，趁牠還沒有改變心意時趕快放上去吧。

「抱抱結束了嗎？」

「抱歉，抱抱到此結束了。可是，還有更有趣的事情喔。」

我用眼神跟大吉溝通，慢慢把牠放在努力掃除的機器人上頭。

或許是爪子碰到不該碰的地方吧，掃地機器人發出一種低沉的警示聲，這分明是故意讓使用者感到不安的設計。

想不到這種詭異的警示聲，對貓咪也十分有效。

「呼喵！」大吉一聽到聲音就發出怪叫，回到了貓塔上頭。

大吉狐疑地看著我，我忍著笑意向牠道歉。

後來，大吉再也沒接近過掃地機器人。

現在當掃地機器人啟動時，只要一發出充滿朝氣的叮咚聲，大吉就會從睡夢中驚醒，飛快爬到貓塔上頭。

對此我有好好反省。

貓咪不會做自己不喜歡的事情。

牠們只做自己想做的事情。

有鑑於此，強迫貓咪只會帶來不幸的結果。

面對掃地機器人這種陌生的物體，大吉以盤踞在高處冷靜觀察的態度處之，也實屬合理之舉。

如果我耐心等待大吉主動搭乘掃地機器人，現在牠搞不好早就已經變身為掃除貓，度過不一樣的貓咪生活了……。

自從有了這個教訓以後，每當我碰到很感興趣的事情，都會先冷靜地觀察狀況。

過去我就是沉不住氣才會吃虧，先試著冷靜下來觀察狀況，就能看到很多以往沒發現的重點了。

例如，光鮮亮麗的外表下有可能隱藏著嚴重的問題。

或是條件極度惡劣。

也可能是有什麼負面的隱情等等。

當然，上班族沒辦法選擇自己的工作，但事先瞭解風險所在，就能做好應對準備了。

我永遠也不會忘記，這種冷靜觀察的思維，是建立在大吉一輩子討厭掃地機器人的犧牲之上……。

靈活才是重點

討喜的人才會成功，這種人靈活圓融，走到哪裡都不會格格不入。

如果要舉一個貓咪跟狗狗不同的地方，各位會聯想到什麼呢？

有的人會聯想到乖巧順從吧。

狗狗對飼主很忠心，就好比忠犬八公（日本史上一隻具有傳奇色彩的忠犬，等待主人整整十年）一樣，貓咪的性格則是奔放自由。

我跟貓狗都有共同生活的經驗，牠們在這一點確實有很大的差異，但我並不認為貓咪有不厚道的地方。

在我寂寞或遇到麻煩的時候，大吉會跑過來安慰我，似乎察覺我與平時的氣氛有異。當然啦，這也有可能是我失落的時候，剛好跟大吉想要撒嬌的時候重疊在一起。

有些人比較家貓或家犬，考量的是需不需要帶出去散步。現在大家喜歡養貓咪當寵物，主要一個原因就是「貓咪不用特地帶出去散步」。

事實上，大吉完全沒在散步的。記載貓咪生態的書籍上也有寫道，貓咪跟其他動物相比不太需要運動。

雙薪家庭或獨居人士養寵物的話，確實很難每天帶狗狗散步兩次。尤其住在都市的人，根本沒有散步的地方。

相對的，貓咪需要在家盡情玩耍來發洩壓力。書中也有寫道，跟行走或跑步之類的平行移動比起來，上下移動對貓咪來說比較具有運動效果。因此我們夫妻倆會拚命揮舞逗貓棒，讓大吉在貓塔爬上爬下，陪牠一起玩。

除此之外，貓咪與狗狗還有很多差異。

例如貓咪警戒心強，狗狗較為寬容大度。

貓咪愛乾淨，狗狗會玩到渾身髒兮兮。

貓咪不在十二生肖當中。

在這些答案當中，我認為貓狗最大的差異在於「靈活度」。

所謂的靈活度是指身體的柔軟性，以及順應環境的能力這兩點。大吉將這兩大能力發揮得淋漓盡致，每天都過得圓融通達。

首先來談身體的柔軟性，貓咪的柔軟性極為優異。

狗狗的骨骼粗壯，身體摸起來很結實；貓咪抱起來十分柔軟，幾乎感覺不到骨骼的硬度和存在。以我過去跟狗狗一起生活的經驗來看，這兩者的差異很明顯，我在親戚家抱完狗狗以後回家再抱大吉，兩者抱起來的感覺也是天差地遠，根本沒辦法歸類為同一種動物。

「貓咪很長」和「貓咪的液化現象」這兩句話，完全點出了貓咪柔軟的特質，我來介紹一下這兩句話好了。

聽到「貓咪很長」這句話，各位是怎麼想的呢？

沒有養過貓咪的人，大概會以為我在胡言亂語吧。貓咪頂多只有大小或輕重之分，哪有長不長的道理？不過呢，今天我要徹底破除你們的成見。

貓咪真的很長。

當我用兩手抱住大吉的側腹往上抬，會發生什麼事情呢？

牠的身體會拉長，很難把牠完全抱起來。

一方面是貓咪平常拱起來的背部被拉長，一方面是牠們類似人類髖關節的部位很柔軟，所以從身體到腳腳會拉成一直線，體型越拉越長，放回地板上又會恢復原狀。

簡直是堪比形狀記憶服的形狀記憶貓，或是伸縮自在的彈簧貓。

我忍不住想像，假如有小孩子來我家抱住大吉，牠會變得比平時還要長，而小孩子肯定沒辦法整隻抱起來，只能拖著變長的貓咪到處跑。

當然了，大吉生性害羞，小孩子一來牠保證馬上不見蹤影，我看倒也不必擔心會有這種情況發生。

再來是「貓咪的液化現象」，這是最近網路流行的字眼。

這句話形容得很妙，指的是貓咪會活用身體柔軟的特質，刻意鑽進一些狹小的縫隙裡面，像史萊姆一樣擠出一顆小腦袋睡覺。

我跟老婆大人坐在家裡的沙發上時，大吉也會硬擠進我們的身體之間的縫隙睡覺，我們都很懷疑牠為什麼要特地跑到這麼窄的地方。每次大吉這樣做，家中的特定場所人口密度就會變得特別高。

此外，我在客廳的地毯上打盹時，大吉也會來到我的雙腿間轉圈圈，尋找合適的睡覺地點。然後，大吉會緊靠在我的雙腿間睡覺，彷彿牠有義務擠進我的跨下一樣。而且明明是牠硬要擠進來的，我只是稍微動一下身子，牠就會抬起頭來瞪著我，好像在嫌棄我妨礙牠睡覺一樣。

大吉常發生各種液化現象，

好比半個身子垂落沙發熟睡，或是勉強鑽入狹小的紙箱裡，不然就是把手手和腦袋擠進我或老婆大人的拖鞋裡睡覺。

貓咪的第二個靈活特質，是順應環境的能力。這一點也跟身體的柔軟度息息相關。

一旦牠們把身體擠進某個小地方後，會暫時安份地待在裡面，最後不知不覺間就睡著了，表示牠們已經徹底融入那個環境當中。

這種從「液化」變成「地藏」的能力，我們人類是學不來的。

對貓咪來說，有可能是跑進太狹窄的地方爬不出來，百般無奈之下只好放棄掙扎乖乖睡覺。然而，牠們卻總是有辦法鑽入各種縫隙中，跟影子融為一體。

大吉剛來我們家的時候，牠的隱身技能超越了躲貓貓的程度，近乎完全消失的地步，我們好幾次差點被牠嚇死。

大吉靈活圓融，能夠融入各種環境中，與周圍同化。這份靈活圓融的態度，在我們人類的日常生活中也是很關鍵的要素。

因此，我也開始注意自己的態度是否夠靈活。

例如在工作上遇到問題，我會反問自己。

「我是不是太頑固了？試著接受對方的意見如何？」

由於以往我處理事情的態度實在太容易鑽牛角尖，學習這項能力能夠幫助我更順利完成工作。

讓別人幫忙的技巧

如果你能讓對方覺得自己很重要，
那麼不管你拜託他做什麼，他都會主動幫忙。

我們夫妻倆是大吉的同居人，照顧大吉的工作很自然也就落在我跟老婆大人的身上。

野貓肚子餓的話，去外面找食物吃就得了，好比抓小鳥、青蛙、老鼠果腹等等。想上廁所就在自己的地盤裡找塊順眼的地方方便，若是固定的便溺地點髒了，只要換一個地方就好。

運動不足的時候，野貓可以在城鎮裡盡情奔跑，或是透過跟其他貓咪玩耍來活動筋骨。想磨爪子，就到公園或別人家庭園的樹上去磨。

然而住在公寓裡的大吉是家貓，牠擁有安全無虞的生活，卻失去了上述這些自由。

大吉若是肚子餓了必須等我們拿食物和點心餵牠，沒有辦法自己拿來吃，就連飲用的水源也都要仰賴我們幫牠換新的。即便是廁所髒了也不能跑去其他地方上，得乖乖等我們清理完貓砂。

對大吉來說，客廳的奔跑空間不夠，我們必須要用逗貓棒陪牠玩，替牠解決運動不足的問題。想磨爪子也不能在家具或牆上磨，否則老婆大人會生氣，我們會定期更換磨爪子用的紙箱給牠抓抓……。

由於大吉不會說人話，所以我們也聽不到牠抱怨。

但同樣的情況換成人類可就慘了，當你做任何事都需要別人幫忙，連開口拜託都會變成一種困擾，因為每一次拜託都得看人臉色。

請各位想像一下，若是你肚子餓了沒辦法自己找東西吃，上完廁所自己也沖不了馬桶，那會是什麼樣的慘況。

我猜大吉在這樣的環境中，一定過得很拘束。然而，牠的生活態度卻極為逍遙自在，看不出有一絲的愧疚與惶恐。

這也難怪，因為我跟老婆大人都是心甘情願，主動照顧大吉的。

細究其理由，說穿了也很簡單。

那就是大吉很擅長「讓別人來幫忙」。不曉得牠是在貓咪小學學來的，還是與生俱來的天性。照顧大吉對我們來說不是「非做不可」，而是我們自己「心甘情願」。

每天一到固定時間，不用大吉催促我們，我們就會自動準備好牠的食物，替牠換好乾淨新鮮的飲水。一日結束之際我們會清理好牠的廁所，配合牠晚上運動的時間，拿逗貓棒陪牠玩耍。這是我們夫妻倆的日常，也是我們的生活樂趣所在。

這當中確實有一些關愛之情，畢竟大吉真的很可愛；此外，還有一些身為飼主和同居人的責任感，沒有我們細心照顧，牠也沒辦法獨自活下去。然而這份感情應該形容成「一種甜蜜的義務感」，是這份感情驅使我們自動自發照顧大吉的。

一般來說，所謂的義務是指不得不做，但最好能夠不要做的事情。好比說像是日常生活中的倒垃圾、通勤、處理瑣事等等，這都是沒有人想處理，卻又不得不處理的麻煩事。

而這裡的重點在於「甜蜜」這兩個字，當看似矛盾的「甜蜜」和「義務」這兩個字結合在一起，會產生一種欲罷不能的快感。

大吉剛來我們家的時候，會發出喵喵叫的聲音，央求我跟老婆大人為牠服務。

肚子餓的時候，牠會發出微弱的喵喵聲跑過來磨蹭我們，好像在說「再不吃飯牠就要死翹翹了」一樣。需要梳毛的時候，牠就會把身子靠過來發出粗重的叫聲，意思是牠已經不想掉得滿屋子毛了。

一開始我們會回應大吉的叫聲或態度，譬如跟牠說我們聽懂了，或是目前忙不過來，請牠再稍等一下下。久而久之，大吉不用表示任何聲音或態度，我們就會自動自發了。

那是一種很甜蜜的義務感，因為照顧大吉的任務非我們去做不可，或者應該說這是大吉灌輸給我們的甜蜜義務感，我們都被大吉教育得十分稱職。

其實這種甜蜜的義務感，是透過別人的認可來獲得自我肯定感，而這也是現在年輕人的心理寫照。換句話說，就是看別人有多需要自己，來重新界定自己的生存意義，這種心理結構和我們樂於照顧大吉有異曲同工之妙。

以社群網路服務來說，我們必須透過別人按的讚，才能感受到自己的存在價值。因此我們會寫下自己的生活點滴，以求得更多稱讚與關注。走火入魔的人，還會替自己的生活「灌水加料」。在生活中忙著介紹自己的日常，或是看到別人灌水的虛假生活，都會讓我們對社群網路服務心生厭惡。

說句不中聽的話，與其煩惱這種小事情，還不如馬上去認養一隻小貓咪。從你認養貓咪的那一天起，就會獲得無與倫比的認同與自我肯定感，你的生活保證會充滿「甜蜜的義務感」。

我和老婆大人替大吉備飯換水、打掃廁所，大吉都會賞我們一個實際的讚呢。

現代人號稱難以解決的社會問題，貓咪輕輕鬆鬆就解決了，真是了不起的生物。

在人際關係之中，就算你低聲下氣拜託別人幫忙，也幾乎得不到你真正想要的協助。對方搞不好還會大發雷霆，叫你自己想辦法。

所以重點在於，我們要學會大吉那一套「讓別人幫忙」的技巧。

要精通這門技巧，首先得放下自尊安份做人，佯裝一副什麼都不會的模樣，讓對方享受到甜蜜的義務感。

關鍵在於，利用外在認可給予對方自我肯定感。

切記，請對方幫忙以後，一定要毫不害臊地誇大表現出感謝之意。

「多虧有你，絕望的困境終於有了轉機。」

「好在有你幫忙，我才有了一線生機。」

以上這些話一定要好好說出來。

講這種話有什麼效果呢？

對方或許會覺得你太誇張，但臉上絕對藏不住笑意，這種感情就是「非我不可」的甜蜜義務感。

這時候，假如你再補一句：「今後也請多多關照了」，對方日後幫助你的機率就會大增。

不過，對上精通此道的人，這一招就不管用了，請慎選使用對象。

享受比愉快更重要

這世上沒有什麼愉快的事情，
端看你能否享受而已。

冒昧請教大家一個問題。

「你現在生存的意義是什麼？」

對於這個簡單明瞭的疑問，很少有人能給出一個明確的答覆。現代社會充斥著一種追尋自我、自我認定不明的氛圍，尋找生存意義不再只是青少年或求職青年的事情，而是所有世代都要面對的課題。

針對這個問題，其實我也沒有明確的答案。

嚴格講起來，我希望能夠透過自己的工作改善社會，對世界有所貢獻吧。把人生目的跟工作扯在一起，也算是日本上班族的通病了。

不過，我跟大吉生活以後就完全改觀了。

如今我敢斷言。

「活著是為了享受人生，要懂得享受一切。」

我跟老婆大人很常陪大吉玩。

我們把球丟出去，大吉就會飛快衝出去追球。然而，牠不會像狗一樣咬回來，而是直接在原地玩球。我跟老婆大人要親自去撿，撿完再丟給大吉追，大吉追到又自顧自地玩起來，就這樣一直重複下去。

比起球，最近大吉更喜歡小型的老鼠造型玩具，六隻老鼠玩具特價三百元，對荷包比較溫柔。

唯一的缺點是，這種玩具做成老鼠的外形，會點燃大吉心中的野貓魂。老鼠玩具買回來才玩一天，就被牠玩到面目全非了。

起先老鼠玩具的表面上，都還有軟綿綿的絨毛。大吉會先用手手彈開老鼠玩具，在客廳裡追著玩具繞圈圈。

被貓掌彈開的老鼠看起來很像在逃跑，大吉對老鼠逃跑的動作產生反應，又會追上去。最後越追越亢奮，大吉會直接抓住老鼠玩具，用咬的方式撕下玩具上的絨毛，不停地施加攻擊。

假如大吉咬的是真正的老鼠，我們大概只會頭皮發麻，不會覺得牠很可愛吧。幾個小時過後，地面上就只剩下光禿禿的塑膠殘骸了。沒錯，那就是老鼠玩具的殘骸。

另外，大吉也跟一般貓咪一樣，非常喜歡逗貓棒。

每當我們拿出在百元商店購買的逗貓棒，牠一聽到聲音就會主動跑來跟我們玩。畢竟我也是逗貓資歷將近五年的「專業逗貓師」，我很清楚怎麼做才能讓牠熱衷參與這個遊戲。

一開始不能有太大的動靜，要像真正的蟲子一樣，輕輕擺動才行。大吉會虎視眈眈地觀察逗貓棒，等待出手的時機。接下來要緩緩晃動逗貓棒，過程中要反覆暫停和快速晃動，安排快慢有別的節奏。逗貓師的本領高低，就看能否做出沒有規律的寫實動作了。

「好，趁現在。」

大吉抓準時機撲向逗貓棒，有時候牠會出貓拳攻擊，或是壓住逗貓棒施加破壞，也有張口大咬的攻擊模式。

這時候，就輪到逗貓師使出全力，發揮看家本領了。

逗貓師最大的武器在於想像力，我必須想像生物在感受到生命威脅時，會採取什麼樣的行動。

俗話說得好「狗被逼急了也是會跳牆的」。那麼，身陷險境的逗貓棒所採取的最後抵抗，就是絕地大反攻了。

首先我要表現出被大吉的攻勢嚇到的模樣，以大動作四處逃竄才行。之前我都是用手腕輕輕揮舞而已，現在要轉動整條手臂和肩膀揮舞逗貓棒。體驗到臨場感的大吉，會朝四面八方跳來跳去。

待大吉的攻勢稍微停歇，就換我主動出擊了。對大吉來說，原本只會逃竄的逗貓棒突然攻向自己，牠當然會嚇到四肢騰空。

隨後，我便把逗貓棒移到牠的側腹或腹部中心發動攻擊。

大吉會揮舞爪子抵抗，但牠的手手搆不到這兩個地方，只好躺在地板上用後腳踹開逗貓棒。進入地板戰以後，就是逗貓師的天下了。我就專挑大吉防禦薄弱的部位，在牠全身上下搔癢。

這下大吉也不得不使出殺手鐧了。

「好痛、大吉你這樣犯規啦！」

大吉會攻擊使用逗貓棒的逗貓師，也就是攻擊我本人。

每次被攻擊，我就會嚴厲訓斥大吉。

「我說大吉啊，你這樣是違規的你知道嗎？故事設定是你跟逗貓棒在決鬥，你攻擊我等於違反了紳士協定。這樣一來，之前的氣氛醞釀不就都白費力氣了嗎？是說啊，你知道逗貓棒不會自己移動，是我在操縱的對吧？你也太聰明了。」

「你也是啊，超有臨場感的喵。害我玩得太專心，都忘了那是逗貓師在操縱逗貓棒，等我回過神來就主動投降了，真是了不起的敵人喵。呼～肚子好餓啊喵，吃飯吧。」

兩個精疲力盡的男人，在客廳裡躺成大字形和「ㄈ」字形，互相稱讚對方了不起。這就好像兩個小混混在河邊決鬥，打累了躺在地上稱讚對方一樣。

至於老婆大人會冷冷地瞄我們一眼，認為我們兩個在耍白痴。

這樣的生活整整持續了五年之久。

我佩服的重點在於，再怎麼有趣的遊戲每天玩也是會厭倦的。不過，大吉卻樂此不疲，可能各位在看這本書的時候，我們還在玩同樣的遊戲。

人類很受不了沒有新鮮感的事情，曾經讓我們雀躍又期待的事物，在生活中都會慢慢變成理所當然的厭倦存在。過去滿懷期待求得的工作，也會在不知不覺間失去新鮮感，變成一種不得不為的義務。

克服厭倦的重點不在於事物本身有不有趣，而是你能否誠心享受。大吉五年來對同一個遊戲樂此不疲，想必是牠懂得盡情享受眼前的事物吧。

懂得「享受」才會覺得「有趣」。

這也是大吉教導我的道理。

故意不想察言觀色

看別人的臉色等於是在扼殺自己，故意不察言觀色，反而會有強烈的存在感。

我們全家都喜歡宅在家裡。

平常我們會到附近散步或買東西，但跟其他家庭比起來，假日或平日的夜晚我們多半都是宅在家裡。

為了跟大吉在一起，我們夫妻倆會刻意在客廳看書，或是觀賞事先錄好的影劇或綜藝節目，不然就是利用線上影視服務來看電影，吃飯也幾乎是在家裡開伙。

這時候，大吉一定會窩在我或老婆大人腿上，過一段時間才會走人。

大吉一離開，我跟老婆大人才有機會做自己想做的事情。例如去上廁所、泡茶、拿點心等等。畢竟看到大吉在我們腿上安心熟睡的臉龐，實在不忍心吵醒牠。

如果我們要放牠下去，牠就會仰望我們，裝出可憐兮兮的眼神，好像在問我們是不是嫌棄牠一樣。要是我們狠下心告別，就算只是稍微離開一下下，牠也會抓緊我們的褲子抵抗。

其實褲子被抓破也沒什麼大不了，但是尖銳的爪子偶爾會刺進褲子裡，直接插入大腿肉中……。我和老婆大人正是因為經歷過這種苦難，所以當大吉窩在我們大腿上時，我們通常會選擇靜止不動。

大吉離開我們大腿後，要去哪裡也是看牠心情，每次目的地都不一樣。

然而，牠的目的地都有一個共通點。

那就是擋住我和老婆大人要去的地方，待在很礙事的位置上。

比方說我們要去上廁所，牠就會坐在廁所門前，阻止我們打開廁所的門；

我們要去泡茶或拿點心，牠就會躺在通往廚房的路上埋伏我們。

每次我跟老婆大人都覺得，牠躺的地方也實在是太剛好了吧。只不過，這些年來我們太習慣大吉的陪伴，幾乎把大吉當成理所當然的存在，牠這個故意阻擋我們的行為，其實也等於是在重新彰顯自己的存在感。

一般來說，人類懂得察言觀色，不會故意去做妨礙他人的舉動。大吉則反其道而行，故意去做不懂察言觀色的事情。牠就是用這樣的方法，在我們心中留下強烈的存在感。

大吉不懂察言觀色的行為，可不僅限於擋住我們的去路而已。

有時候，我必須透過電話解決工作上的問題，但電話一接起來大吉就開始狂叫。倘若是可愛的喵喵叫那也就罷了，偏偏牠發出的是「ㄤ～ㄍㄡˊ～」的悲痛叫聲，沒有跟貓咪生活過的人大概一輩子都聽不到這種聲音，更何況牠剛才明明就在睡大頭覺。

請各位試著想像一下。

當你接到一通緊急的電話，代表可能工作上出了問題，說不定得拚命跟對方道歉、拜託，可是這時你的貓咪卻不斷發出「ㄤ～ㄍㄡˊ～」的殺豬叫聲……。

這簡直就是地獄啊！

就連個性冷靜的我也不免慌了手腳，我想抱住大吉安撫牠的情緒，牠卻抓狂到處亂跑，也許是察覺到我的殺氣吧。

然後更慘的是，大吉的「ㄤ～ㄍㄡˊ～」哀叫聲還會進化成更吵鬧刺耳的「ㄍㄚˇ～ㄍㄡˊ～」，使我陷入萬劫不復的危機之中。

在我手足無措的時候，電話另一端的反應反而出乎我的意料。

「呃呃……看來我這通電話打得不是時候，你遇到了什麼麻煩對吧？那我們改天再聯絡好了。」

「聽你那邊似乎也有不少麻煩，我問別人好了。」

你沒看錯，對方反而在關心我的遭遇。其實純粹是剛才在睡覺的貓咪，忽然醒過來大吵大鬧而已。

我電話一掛掉，大吉的叫聲也跟著停了下來。幾秒前的混亂和吵鬧彷彿沒發生過一樣，我們家又再度恢復寧靜。

我一方面生大吉的氣，一方面也很佩服牠故意不察言觀色的能力，牠一定會在不該大叫的時候放聲大叫。牠會刻意挑在關鍵時刻大叫，猛刷自己的存在感，藉此擊退來電者。

如果沒有牠這種白目的勇氣，我應該會一直道歉到手機沒電為止吧……。

至少在這一點上，我必須感謝大吉。

過去有句很流行的話，現在已經很少人講了，叫「不打勤、不打懶，專打不長眼」。這句過時的流行語，衍生出「人人都得察言觀

色」的風潮。

察言觀色確實是平息生活風波的有效技巧。但成天察言觀色，不願驚起波瀾，也有可能害你變得跟空氣一樣毫無存在感。

簡單來說，太懂得察言觀色的人，不會受到別人的重視，最後淪落為可有可無的存在。

大吉親自示範「故意不察言觀色的能力」，便是解決此一問題的關鍵。方法也很簡單，在必須察言觀色做出正確決定的時候，只要鼓起勇氣反其道而行就好。

例如，在必須保持沉默的時候刻意舉手發言，或是在必須迎合大家的時候持反對意見。

這樣一來就能彰顯自己的存在感，獲得眾人的矚目。

當然，故意反其道而行，事後別人一定會要你說明自己的想法或意見。如果你說不出明確的意見，真的會被當成一個不懂察言觀色的白目。

在寫這一段故事的時候，我也有跑去上廁所。

剛才還在我腿上的大吉，就故意擋在客廳的門前面，封鎖通往廁所的道路，散發出無與倫比的存在感。我非得摸摸牠的腦袋，拜託牠讓路，牠這才心不甘情不願地乖乖讓開。

等我上完廁所回到座位上，牠又霸佔我剛才坐著的電腦椅。

也許是我一直坐著的椅子很溫暖吧，真是令人又好氣又好笑的可愛貓咪。

遲鈍也是一大武器

大家常說做人要懂得看風向，這麼做的下場，就是被周圍的人耍得團團轉。

我們家除了大吉以外，還有很多的黑貓。

這裡所說的黑貓不是真正的貓咪，而是跟黑貓有關的商品。

近年來愛貓風氣大盛，沒有養貓的人也會購買、收藏一些貓咪商品，或是做為裝飾擺設在自己的家裡。而且養貓的人常有一種傾向，他們會去收集跟自家貓咪品種、毛色相近的商品。

比方說養蘇格蘭摺耳貓的人，很喜歡蘇格蘭摺耳貓的商品；這個道理也適用在短腿貓、美國短毛貓等其他品種上，也有人是看三花、虎斑、純黑等毛色在收集。

我們家養的是黑貓，因此我跟老婆大人對黑貓商品完全沒有抵抗力，黑貓商品總是有辦法能夠輕易地撬開我們緊閉的荷包。話雖如此，我們平常也沒有刻意尋找，或者應該說，黑貓商品會主動吸引我們的注意力。當我們一不小心看到黑貓商品，就會不自覺地拿去結帳了。

一開始我們買的，是一個做成黑貓形狀的小型澆水器，翹起來的長尾巴就是出水口，看上去十分可愛。

這個澆水器是我們認識大吉以後，老婆大人在牠還沒有來之前購買的。等大吉習慣我們家中環境之後，我們常把兩隻黑貓擺在一起拍照，現在客廳裡也有擺放當時拍的照片。那時候的大吉還是小小一隻，澆水器比牠還大，如今兩者的大小已經完全顛倒過來了。

其他還有玄關踏墊、鑰匙圈、清潔用海棉、拖鞋等多不勝數的黑貓商品，親朋好友來我們家玩的時候，也會帶黑貓商品當禮物，家中的黑貓商品也就越來越多了。

不過老實說，這些商品多半不怎麼實用，很多東西純粹看起來可愛我們就買了。

其中唯有一項黑貓商品，我們是買來發揮「特殊作用」的。

那就是「貓咪大神」。

所謂的貓咪大神，是一個裝有小型電池的貓咪鑰匙圈。按下貓咪頭上的小按鈕，貓咪的雙眼就會亮起黃光，發出尖銳的喵喵叫聲。

我們打算把貓咪大神掛在廚房前面，嚇阻大吉跑進廚房裡。

對貓咪來說，廚房有很多危險的物品。

好比瓦斯爐點火的時候，大吉要是跳上去那就悲劇了。除了有燒傷的風險以外，萬一著火的大吉在家中亂竄，整間房子還有失火的可能，這種事我們連想都不敢想。

另外，大吉也有可能碰到熱燙的鍋子，不小心打翻整鍋熱湯被燙傷。

菜刀和削皮器也是廚房的危險物品，倘若大吉傻傻地舔了刀子一口，舌頭保證會受傷，這景象光想就覺得恐怖。

我們家的廚房和客廳是相通的，所以我們在廚房設置了柵欄阻止大吉進入。可是，在牠試圖進入廚房時，我們也只能厲聲制止或拍手嚇牠，期望牠能早日理解那裡是不能進去的地方。

我和老婆大人經常往來客廳和廚房，因此我們選用可以輕易跨越的柵欄，高度大約只到我們的膝蓋。如今已經長為成貓的大吉，輕輕一跳就越過去了，根本不構成威脅。

敏捷的大吉會神不知鬼不覺地進入廚房，在我們做飯時悄悄站在我們腳邊，換言之，我們想要趕牠走永遠會晚了一步。

每次我們趕走大吉，牠會嚇得跳出柵欄外面，但牠似乎不能理解自己哪裡做錯了，隔天又會繼續跑到廚房來。

我們一直缺乏有效的方法，阻止大吉進到廚房。有一天，我外出購物時在雜貨店看到了貓咪大神，我拿起貓咪大神按下按鈕，腦袋也跟著靈光乍現。

「這東西有用，大吉肯定會害怕的！」

瞬間，我的腦袋浮現出了一個計劃。

首先要讓大吉瞭解，只要一接近這個鑰匙圈就會被聲光效果嚇到。到時候，我再把鑰匙圈綁在柵欄上面，迎合牠的視線高度。這樣柵欄就有威嚇的作用，能遏止大吉入侵廚房。

有這玩意兒我就贏定了！對了，乾脆把這鑰匙圈取叫貓咪大神好了，保護廚房不被入侵的貓咪大神！

我意氣風發地回到家中，不曉得我買了秘密武器的大吉，從窗簾後方跑出來伸懶腰打哈欠，迎接我的歸來。我放下手中的物品，準備讓貓咪大神來懲治大吉。

「大吉你看，跟你一樣的黑貓喔。」

我溫柔地呼喚大吉，遞出貓咪大神給牠看，這時我的食指已經悄悄地抵在貓咪大神的按鈕上了。

大吉似乎對這東西不太感興趣，但我稍微搖晃一下，牠就把鼻子湊上來聞聞味道。等到牠把注意力都集中在上面，再來發動貓咪大神的威力好了，我忍住想要按下按鈕的衝動。

過了一會，大吉開始用貓掌玩弄貓咪大神了。

我看準時機，心狠手辣地按下按鈕。

「喵——！」

貓咪大神發出黃色的閃光和尖銳的叫聲了！

咦、奇怪，怎麼沒反應……？再試一次！

「喵——！」

貓咪大神再度發出黃色的閃光和尖銳的叫聲！

怎、怎麼搞的……？

大吉竟然一點反應也沒有，完全沒有受到驚嚇的模樣。牠反而對這東西更感興趣，開始張口咬起貓咪大神了。

「大吉未免也太遲鈍了吧！」

我嚐到壓倒性的挫折感，卻也不得不佩服牠處變不驚的態度。

雖然大吉並不害怕貓咪大神，但我還是按照原先的計劃，把貓咪大神綁在柵欄上面，想不到這麼做也有驚喜的效果。

現在大吉只顧著逗弄貓咪大神，再也沒有入侵廚房了。到頭來，貓咪大神同樣發揮了阻擋大吉的功效。

看到大吉不懂察言觀色、不拘小節的性情，我才知道自己太在意周遭的事物，受到了很多不必要的影響。

「一切都不是什麼大問題，要先確立自我。」

大吉似乎用身教來讓我明白這個道理。所以我一直在練習，不讓小事引起我的負面情緒。

專欄

流芳百世的貓咪名言

PART2

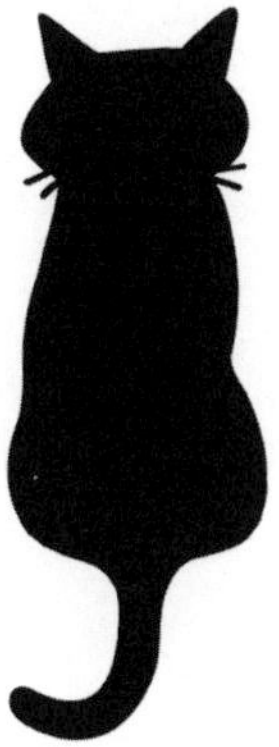

沒有比貓咪的愛
更偉大的禮物了。

——查爾斯・狄更斯

我跳！

貓咪帶給我們無盡的新發現。

——雷斯里・卡普

新大陸
喵喵島

貓咪就跟佳釀一樣，
會隨著時間提升價值。

——凱洛爾・維朋

像稚嫩的小貓
一樣芳醇？
VINTAGE
DAIKICHI

沒有比貓咪更自由的動物了，貓咪是最棒的無政府主義者。

——厄尼斯特・海明威

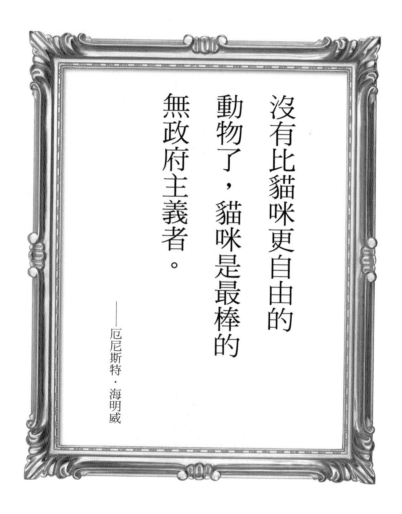

無政府主義者
長這樣？

藝術家喜歡貓，
士兵喜歡狗。

——德斯蒙德・莫利斯

脖子感覺
好難受⋯⋯。

第三章

友情、戀愛

所有的貓咪都是例外

這世上沒有完全一樣的人，每個人的性格都不盡相同。
重點是認真和對方相處，好好理解對方。

如前文，我和老婆大人是在貓咪認養會上，跟大吉結下了不解之緣。

在迎接大吉來到我們家以前，我們夫妻倆去參加了自治團體舉辦的養貓座談會，做好和大吉共同生活的準備。

參加座談會能學到很多東西，包括貓咪的生態、性格、相處方法、疾病防治，乃至和附近居民的交際之道。

自治團體會請來貓咪專家授課。

「原來如此，貓咪有這樣的生態啊。」

每次上完課，就會覺得自己又多認識了貓咪一些。

我們努力理解貓咪，想像著有大吉陪伴的生活，內心充滿期待。

除了參加座談會以外，我們還讀了好幾本飼養貓咪的書，學習更多的養貓知識。

例如，大吉來之前我們應該購買什麼東西。

還有大吉來以後，飼主要做哪些事情。

我們列成一張清單，依序完成上面的項目。

準備進行得很順利，我心中也產生了某種想法。

「該做的準備都做好了，養貓太容易了，再來好好疼愛牠就行了。」

這是一種傲慢。

而這種傲慢的態度，被大吉一爪粉碎了。

大吉來我們家以後，首要之務是安排一個可以讓牠安心吃飯喝水的區域，以及上廁所的地方。

貓咪的性格很纖細敏感，剛到新環境沒有食欲是常有的事，只要暫時有好好喝水都沒有太大的關係。我讀過的養貓書籍裡面，有下面這段描述：

「貓咪喜歡流動的水，建議購買有過濾功能的二十四小時流動供水器。」

我和老婆大人缺乏養貓的知識，就怕大吉不肯乖乖喝水，所以不疑有他地購買了書中介紹的電動供水器。這玩意的價格也不便宜，一個要價兩萬元，光是喝個水就要價兩萬元。

我們捨不得買這麼貴的東西給自己用，不過為了讓大吉的新生活有一個好的開始，我們還是橫下心買來用。同時，我們還買了一個八百元的普通水盆。

等大吉習慣我們家的環境，願意到客廳走動以後，我迫不及待地安裝好供水器，打開供水器的電源。水箱裡的水被馬達抽出來，形成一道小小的瀑布。

大吉似乎對那景象很感興趣，牠隔著三公尺的距離凝視供水器。照理說，牠應該去舔小瀑布喝水才對。可能是還沒有卸下戒心，不敢接近奇怪的物體吧。

過了一會，大吉壓低姿勢接近供水器，聞聞供水器的味道。我和老婆大人靜觀其變，心想大吉舔水只是時間問題罷了。不料大吉竟改變姿勢，走到一旁用八百元的水盆喝水。

「呃、等牠習慣就會用供水器了吧……。」

當天，我們用這句話來催眠自己保持理智，但好幾天過去了，大吉就是沒有用那台供水器喝過水。要價兩萬元的供水器持續運轉，該花的電費一點也沒少。一個禮拜以後，我悄悄地拔掉供水器的插頭。

就像這樣，大吉常做出一些顛覆貓咪生態的行為，類似的例子還多著呢。

「貓咪的廁所一開始不用買太大，買小型的鋁製深盆當成廁所就夠了。等牠長大後再配合身體大小準備廁所。」

我和老婆大人信了上面這段話，去百元商店的廚房用品區買了一個鋁製的深盆，在裡面倒滿貓砂給大吉用。大吉也知道那是廁所，直接就在裡面解放了。

解放完的大吉開始撥貓砂，想要隱藏自己的便便。這是為了蓋住自己的氣味，以免被外敵發現自身存在的行為。

「不錯，幹得好啊，大吉！」我才剛稱讚牠，悲劇馬上就發生了。

起先大吉撥兩三下就蓋住便便了，但牠好像玩不膩一樣又撥了好幾下，貓砂就噴到鋁盆外面。最後，連牠的便便也被挖出來重見天日……。隔天，我就買成貓用的廁所了。

諸如此類的例子不勝枚舉，大吉總是會打破我們學到的貓咪常識。只是，我並不打算怪罪書籍或座談會的知識有誤。

每隻貓咪的性格都不一樣，我們必須善待自己養的貓咪，迎合牠們的個性與喜好。事先瞭解貓咪的各項知識，我們和大吉的生活也確實有一個好的開始。

凡事都有準則，卻不見得會按準則發展。

當我領悟了這個道理後，每天都在努力學習當一個「大吉專家」。

相信很多男性讀者，都曾看過雜誌或新聞報導上推薦的約會行程；女性讀者則是對吸引異性的化妝法趨之若鶩對吧？

然後，你們會發現現實根本不像報導寫的那樣，閱讀那些準則一點意義也沒有，想必這也是每個人都有的經歷。

不過，這樣的批判老實說並不厚道。

按照準則進行演練的話，至少我們知道該從何做起比較好。

例如和心上人第一次約會，該如何善用時間；想要吸引異性，應該要掌握哪些化妝的重點。換句話說，準則教我們的是重點提示，以那些內容來安排基本計劃就行了。

等實際到了約會那一天，再配合當下情況或對方的喜好臨機應變。

太過重視準則、一切以準則為主，是不會有好結果的。

這就好比所有的貓咪都是特例一樣，所有的男性和女性也都是獨一無二的特例。

每個人的好惡和感受都不盡相同，不會有照本宣科的情況發生。
謹記這個道理，尊重對方的性格與特性，就能建立更加深厚的關係了。

要抱抱嗎？

策略要成功，關鍵在於不要採取主動；
而是要營造出一種讓對方主動的氣氛。

大吉最喜歡三個地方。
第一是窗簾後方的小凳子上面。
白天牠會待在南面的窗戶前面，曬著太陽做牠的春秋大夢。而且在窗簾的後方不會引人注意，也不用擔心會被打擾。
牠唯一的敵人，就是會在固定時間啟動的掃地機器人。
就算牠睡到掃地機器人啟動也沒發現，只要掃地機器人隔著窗簾碰撞小凳子，牠就會醒來跑到貓塔上面，監視掃地機器人的動靜直到掃除結束。掃除結束以後，牠一定要等到掃地機器人回歸定位，才會跑回窗簾的後方。

我和老婆大人回家後，牠會在窗簾後方伸懶腰，迎接我們回來。這算是牠每天的例行公事了，牠迎接我們的時候也是從小凳子上下來的。

第二個地方是空調下面。

大吉知道家中冬暖夏涼的地方，牠會跑到空調下方躺成「匸」字形。據說貓咪怕風，但在微風吹拂下睡覺一定很舒服。

不曉得大吉是無法適應炎寒，還是貪圖享受，總之牠一聽到空調啟動的聲音，就會跑到那個固定位置。

還有，晾在家中的衣物也常會擺在空調下方，衣物後方的陰暗處正好很適合貓咪躲藏。因此，洗好的襯衫下擺或浴巾邊緣，都會沾上大吉的貓毛。

最後，是我和老婆大人的腿上。

這應該不用說明了，家人的大腿上是貓咪最喜歡的地方。

大腿上待起來很溫暖，而且還不時可以討摸。有時候我們會在大腿上蓋毯子，大吉也常裹在毯子裡睡覺。人類的大腿堪稱是貓咪在地球上的綠洲。

不過，大吉擁有我和老婆大人這兩大綠洲，卻始終不肯主動跳上來。牠會挺起上半身，伸出手手搭在我和老婆大人的腿上，用牠的大眼睛凝視我們。或是走到我們身旁，用一種原諒人類所有罪孽的慈祥表情，發出喵喵叫的聲音。

牠的喵叫聲，翻譯成人話的意思大概是：「我可以讓你們抱抱喔。」

沒錯，大吉不是來討抱的，而是來允許我們抱抱。

我和老婆大人有此榮幸，當然非抱不可。

「感謝陛下皇恩浩蕩。」

我們誠心表達感謝之意，歡迎渾身長滿豔麗黑毛的大吉爬上來。大吉被我們抱上來之後，仍然沒有結束這場國王遊戲。

「那好，我就准你們摸摸吧。」

隨後，大吉馬上朝我們使了一個眼色。

我和老婆大人便順著大吉的意思，從頭到腳溫柔撫摸大吉。

「唔嗯，真舒服喵。」

大吉會發出呼嚕呼嚕的聲音，好像很享受一樣。這個呼嚕聲，是我們家最具療癒效果的背景音樂了。

貓咪的呼嚕聲深具療癒效果，甚至還有學術上的證據。貓咪是真的有療癒作用，不光是牠們可愛的關係。

首先是我們耳熟能詳的抒壓效果。根據某所大學的調查結果，不管是喜歡貓咪還是討厭貓咪的人，聽到呼嚕聲都有減輕壓力的作用。

有一點較不為人知的，就是呼嚕聲中的低頻音，約在二十到五十赫茲左右，這個頻率有強化人類骨骼密度的效果。

最先活用這個效果的，是足球選手貝克漢的物理治療師。二〇〇二年貝克漢在世界盃足球賽開賽前骨折，治療師便利用呼嚕聲來提高治癒效果，很驚人對吧。

儘管我們不知道貝克漢是陪一大堆貓咪玩耍，還是聆聽呼嚕聲的錄音檔，總之要花上十週才能治療完全的骨折，才七週就好了，比原本預計的還早了三週，所以他才能出場比賽。

貓咪的呼嚕聲簡直可以說是「呼嚕療法」啊。

今天我和老婆大人，也在東京的一隅享受著擁抱大吉的殊榮，體驗足球金童貝克漢也接受過的呼嚕療法。

而且，我們還是免費體驗呢，世上還有比這更幸福的事情嗎？當然沒有。

我從大吉充滿尊嚴的行為中，學到了兩個啟示。

一是欲擒故縱的重要性，就算很喜歡對方，也不能天真無邪、毫不抗拒地一頭栽進去。

你要表現出絕不會拒絕對方的訊號，等待對方主動示好。這樣一來，你才能確實掌握主導權。

這種關係不只適用於戀愛和友情，在職場或家庭上也是同樣的道理。再來，當你真正喜歡上一個人，那就毫無保留地喜歡對方吧。

戀愛有一個鐵則是「愛到卡慘死」，按照這句話的思維，我們不妨豁達一點地想：「愛到了慘死也無所謂」。

我們往往羞於表現情愛之意，這或許是日本人的特質吧。但對待真正抱有好感或敬意的人，應該拋棄害羞的心情，竭盡所能地去示好才對，就好比貓咪發出呼嚕聲撒嬌一樣。

沒有人會討厭主動示好的人，頂多就是偶爾被嫌煩而已……。

接受大吉來討抱，唯一的缺點是我們不能亂動。再者，貓咪四、五公斤的體重會慢慢把我們的大腿壓麻。

因此，在抱抱以前我們必須要先做好準備。

首先是去上廁所，然後把飲水、家電搖控器、手機等必要物品擺在身旁。準備好以後，就乖乖坐著等大吉寵幸就行了。

偏偏這種時候，大吉都會躲在窗簾後面不肯出來。牠實在太擅長欲擒故縱了，我跟老婆大人都被牠給吃得死死的。

有一個值得信賴的人就夠了

朋友不是越多就越好，重點是質量。
由淺入深，才是通往幸福的捷徑。

在家裡生活的大吉，很少有機會接觸到我們夫妻以外的人。

根據貓咪專家的說法，養貓咪最好多養幾隻。

原因是貓咪群聚、生活在一起可以培養社交性，即使是飼主不在時也不乏玩耍的對象。

有些人則是從不一樣的觀點，贊成多養幾隻的重要性。例如其中一隻貓咪過世，至少還有其他貓咪在，主人不至於傷心過度之類的。

問題是，貓咪若是個性不合會一直吵架，造成彼此精神上的負擔。而且，聽說貓咪之間還會互相嫉妒。

人類若是個性不合還可以離婚或分居，可是貓咪卻沒辦法自己做決定，遇到個性不合的同伴只能選擇忍耐。

當然，我瞭解多養幾隻的好處。

不過，大吉好不容易來到我們家安住。多養幾隻不見得會影響到牠安穩的日常，但只要有這個風險在，我和老婆大人就沒有理由多養幾隻。

所以我們飼養大吉以後，就沒有再養新貓咪的念頭，始終過著一男一女一貓的生活。我們之間的關係非常穩固。

如果有火災或地震，我和老婆大人一定會帶著大吉逃難。我們會直接把牠塞進洗衣袋裝到背包裡，以免牠驚慌掙扎。

相反地，若是我們夫妻倆遭遇險境的話，大吉一定也會挺身對抗強敵，賞對方幾記貓拳或衝撞式攻擊。

我本人對此深信不疑，只是一家三口在一起生活久了，大吉對我們夫妻倆以外的人非常怕生，完全不肯出現在其他人面前。

例如有宅急便送貨來到家裡，送貨員才剛按電鈴牠就跑去躲起來了，明明對方根本不會進到家裡。

世間的網購浪潮也影響到我們家，我和老婆大人非常享受網購的便利性，但只要每次貨物送達大吉就會很害怕。可見這對大吉來說，是貨真價實的科技威脅。

每當我們夫妻倆的親朋好友來訪，大吉也絕不會出來見客。牠會徹底消除自己的存在感，如果我們沒說自己有養貓，客人絕不會發現家中有貓咪。

因此，我們會事先說明大吉的性格，請客人來訪時不要按電鈴，打個電話或傳簡訊通知就好。然後，我和老婆大人會到玄關帶客人進來。客人脫下鞋子後，也會靜靜地穿越走廊來到客廳。

儘管我們做好了萬全的準備，大吉還是會發現客人來訪，躲著不肯出來。有時候牠會毫無防備地躺著睡覺，一聽到客人稱讚牠可愛的聲音，牠就會瞬間驚醒，壓低姿勢保持警戒，跑進平常不會進去的小籠子裡。

只要我們夫妻倆繼續和客人交談，大吉就絕不會跑出來。偶爾我們跑去觀看牠的狀況，就看到牠躲在籠子裡面保持高度的警戒，一對黃眼珠凝視著我們和客人。

「大吉，跟客人打個招呼嘛……。」

我們當然也可以這樣溫言勸慰大吉，不假思索地把牠拖出籠子，讓牠習慣就好。不過，當我看到牠那害怕的眼神，就會想起牠在認養會上凝視我的眼神，最後想一想還是放著不理牠比較好。

「不好意思，我們家大吉比較怕生。」

每次我說出這句話的同時，就不免思考起讓大吉如此害怕的理由，心中也難免酸楚。

過了好幾個小時，客人要回去的時候都會對大吉道別。

我們送客人去坐電梯後回到客廳，就發現大吉若無其事地跑出來，用力伸一個大懶腰，牠會聞聞客人坐過的椅子或用過的拖鞋，家中也恢復原本平靜的時光。

然後大吉會跑到牠喜歡的沙發上，用眼神跟我們說。

「我有當一個好孩子喔，來抱抱吧。」

「多謝陛下當一個好孩子啊……。」

我會抱起大吉，讓牠靠在我的懷裡。大吉全身會散發出幸福的氣息，剛才的緊張表情已不復見。

這帶給我一個很大的感觸。

對大吉來說，我們夫妻倆是牠的家人和朋友。我們既是餵養牠的人，也是不吝給牠抱抱的人，更是最愛護牠的人，也是牠最愛和最信賴的人。

我們之間能建立這樣的羈絆，想必是只養一隻貓咪的關係吧。因為只養一隻，我們陪伴大吉的時間也特別多。從這個角度思考的話，我反而覺得大吉怕生是一件很可愛的事情。

近來有個流行語叫「現充」，指朋友很多或交友關係廣泛，現實生活很充實的意思。不過，現在也有很多年輕人朋友雖然眾多，卻擺脫不了孤獨的感覺，這真是太奢侈的煩惱。

在這種狀況下，解決方式相當有限。

我們可以試著向大吉學習，跟少數幾個人度過親密的時光，不要和太多人交往。如此一來，不但可以讓朋友更加瞭解自己，我們也能更加瞭解朋友。等到彼此之間願意打開心房，雙方才會慢慢地培養出深厚的感情。

一個感情深厚的對象能夠帶給我們無可取代的安心感，就好像有一個隨時等著我們回去的歸宿一樣。

人要先有一個歸宿才有辦法出外遊歷。同理，先結交一個值得信賴的朋友後，再慢慢拓展交友關係就好。

事實上，我真正的朋友並不多。

相對地，我有足夠的時間可以陪伴老婆大人和大吉，他們是少數願意跟我在一起的寶貴存在。所以我並不覺得寂寞，維持現狀我也沒有什麼不滿。

當然這有一半是嘴硬，但也確實是我的真心話。

大吉被我擁抱一段時間後，內心想要撒嬌的情緒獲得滿足，就開始嫌我煩了。牠會毫不猶豫地踹開我胸口，消失得無影無蹤。

對大吉來說，我是隨時可以踹跑的對象，也是絕對不會生牠氣的大好人。

紀念日是自己創造出來的

日本有許多紀念日，但真正應該重視的，是在同居生活中自然產生的紀念日。

大吉身上，有一些我們夫妻倆沒有的東西。例如尾巴、肉球、覆蓋全身的豔麗黑毛、優雅的鬍鬚、舌頭上粗糙的突起等等，諸如此類的差異不勝枚舉。

相反地，我們夫妻倆身上也有大吉缺乏的東西。首先我想到的是語言，不過我們跟大吉一起生活了五年，彼此之間也有溝通交流的手段了，我們知道牠什麼時候想撒嬌、想吃東西、想清理廁所。從這個角度去思考，大吉似乎也沒有什麼缺乏的東西。

唯獨生日例外。

大吉是我們認養來的，世上沒有人知道牠正確的出生日期。

「貓咪需要生日嗎？」

也許有些讀者會產生這樣的疑問吧？

的確，生日對貓咪來說並不是絕對必要，但牠畢竟是跟我們一起生活的家人，自己的家人沒有生日感覺就是怪怪的。

沒有生日就不曉得牠什麼時候會多一歲，也很難掌握牠的年齡。因此，被問到大吉的年齡時，我們很難回答。

再者，我和老婆大人辦慶生派對時，難免會好奇大吉的生日是什麼時候。

要解決這些問題，只有一個辦法。

那就是替牠決定一個生日，哪怕是暫定的也好。

根據認養會提供的資訊，我們得出了牠大概的推定年齡。

貓咪認養會的工作人員表示，大吉是在四個月大左右被帶到收容所的。之後過了兩個月，才被我們夫妻認養，那時差不多是六個月大。

另外，我們用洗衣袋帶牠去接種疫苗時，動物醫院的獸醫有說，因為大吉看起來比較瘦小，實際年齡可能比外觀更大，推算起來可能有九個月大。

聽完上面這兩個說法，我們可以選擇相信單一意見，或是採取這兩者的中間值。不過對我們夫妻倆來說，認養會和獸醫都是值得信賴的對象，我們沒辦法只採信其中一方。到頭來，我們決定採取兩者的中間值，把大吉當成七點五個月大。

這是六個月加九個月的平均值，也不可能是正確的生日，況且六個月和九個月本來也都是推算而已。然而決定這個數字，對今後一起生活的家人來說，是很重要的事情。

從七點五個月往回推算，大吉的生日約莫是在三月中旬，也就是天氣開始回暖的時候。我們替牠取名「大吉」，是希望牠每年能帶給我們家幸福吉祥，所以三月十五日，是最適合這個名字的生日（日文的三一五諧音，有「最棒」之之意）。

這完全是諧音冷笑話梗，而且還是很老套的那一種。

我和老婆大人會在這個瞎猜的「暫定生日」為大吉慶祝。每到這一天，我會盡早完成工作回家，甚至有請假的覺悟；老婆大人也會取消所有行程，選擇待在家裡。

由於大吉在三歲那一年的冬天罹患腎衰竭，從那以後我們就給牠吃照顧腎臟的飲食，沒辦法給牠吃太豪華的東西。不過相對地，我們會花一整天的時間寵愛牠。

例如，把牠抱到腿上或懷裡，不然就是陪牠一起睡覺。

我和老婆大人做好了隨時接受寵幸的準備，幾乎稱得上是後宮狀態了。

起初，大吉本人也非常開心。

這也難怪，一大早起床就能享受抱抱，吃完早餐又有悠閒的膝枕時光，膝枕完我們就陪牠曬太陽睡大頭覺。

可是，大吉的喜悅會轉變成厭倦，牠會明確表達出自己的情感。

就算大吉離開我們身旁，想自己一個悠哉地睡覺，我們也會把牠抓回來抱抱，畢竟難得生日要好好享受一下嘛。當牠上完廁所想到窗邊眺望戶外，我們就會阻擋牠的去路，強行處以抱抱之刑。

從大吉的角度來看，我們純粹是在強迫牠撒嬌吧。

我和老婆大人也以「難得生日」為藉口，抱到一個天荒地老的程度。

所以，每到大吉生日那一天會不斷重複以下的循環：撒嬌↓厭倦↓逃跑↓捕捉↓強迫撒嬌↓不得已只好撒嬌↓厭倦。

到了三月十六日。

被迫撒嬌的大吉精疲力盡，會徹底睡死。

那一刻似乎是牠睡得最舒服的時候，或許這也是一種幸福吧。

事實上，我們並不曉得大吉正確的出生年月日，也不知道牠在來我們家以前過得是什麼樣的生活。

然而，這都無關緊要。

造就家庭關係的並非血源，而是決意要一起活下去的「約定」。

夫妻結婚也是相同的道理，包含我和老婆大人在內，這世上的夫妻多半是沒有血緣關係的。

雖然我們一家三口沒有血緣關係，但我們仍然是感情深厚的家人。

家人在一起生活，會度過許多世俗的紀念日，好比情人節、聖誕節、新年等等。

除此之外，全家人獨有的紀念日也會越來越多。紀念日的數量，也是人與人之間感情深厚的指標。

不過，這些紀念日沒有印在任何一本筆記裡，被遺忘的可能性頗高，所以要留意不能訂下太多紀念日。

剛交往的情侶往往會訂下一大堆紀念日，比如告白紀念日、第一次牽手紀念日、第一次接吻紀念日、第一次同居紀念日等等，然後動不動就要忙著慶祝紀念日。

男人是一種常會遺忘紀念日的生物。

紀念日太多的話，我們會罹患一種「害怕思考今天幾月幾號」的恐懼症。

因此，重點是適可而止就好。

用貓毛彰顯存在感

覆蓋全身的貓毛不光是用來保護自己的，有時候也能彰顯自己的存在感，這就好比女人落下的豔麗長髮……。

我每個禮拜大概有三、四天會請老婆大人準備便當，自己偷偷躲在公司的小角落用餐，不讓任何人發現，彷彿野貓把獵物帶到自己的地盤享用一樣……。

我的工作經常要在白天移動，所以我的便當盒裡裝的是以蔬菜為主的菜色，以及用保鮮膜包住的兩顆飯糰。我們家規定，餐盒、餐具要在公司洗乾淨再帶回家。

我的便當裡一定會有某樣菜色。

那就是燉煮鹿尾菜。

據說海藻有淨化身體，幫助排毒的功效。燉煮過的鹿尾菜可以保存好幾天，是餐桌上常見的菜色之一，也是我便當裡必備的食物。

另外，還有一樣東西。

那就是大吉的毛。

有時候牠的毛會混在鹿尾菜裡，或是替黃綠色蔬菜製成的沙拉增添顏色和風味。甚至連飯糰裡都吃得到貓毛，好在份量不是太多。

我也不見得每次都會發現，沒發現直接吃進肚子裡的情況也所在多有。

想必不少讀者都覺得這樣很不衛生吧？

不過，這對養貓的人來說是司空見慣的事情，我敢肯定的說，這是避免不了的問題。

即使我們每天替大吉梳毛，三不五時幫忙洗澡打理，牠還是每天都會掉毛，那些毛會掉在地上、飄在空中、跑進便當裡。

據說貓咪的身上，每平方公分的皮膚就長了六百根毛。之所以會長這麼多毛，主要跟毛孔中生長的毛量有關係。

人類通常一個毛孔只長一根毛髮，但貓咪竟多達十二根。

請各位先確認一下自己的毛孔。你一定會很驚訝，怎麼一個小小的毛孔有辦法長出十二根毛？這就是貓咪的神祕之處了。

大略估算一下，一隻普通大小的貓咪約有一百萬根毛。牠們的體毛會隨著季節變化重新生長，體毛再多的人類都比不上貓咪。單就毛髮的數量，人類比貓咪還不如。

所以每當我發現便當裡有貓毛，我也不會嫌大吉髒，或是責備老婆大人掃除不夠仔細用心。

我會閉起眼睛想著大吉的臉龐。

然後，重新調適自己的心情。

「趕快完成工作回家，抱住大吉摸摸牠的身體，讓牠發出舒服的呼嚕聲吧。享受完免費的呼嚕療癒法，早點上床睡覺好了。」

這種心態會提升我的工作效率，促進家庭圓滿。

近年來人們做任何事情都要講究效率，我認為乾脆請政府制訂新的制度和法律好了。凡是有養貓咪，還帶便當去上班的人一律頒發補助金。

如此一來，就會有越來越多人跟我一樣，想要盡早完成工作接受呼嚕療癒法，工作的產能和效率保證會一口氣提升許多。

一旦員工勤勞工作，績效獎金就會增加，有助於刺激大眾衰退以久的消費能力。股價也將隨之上揚，要超過三萬點也絕不是夢想。連帶著ＧＤＰ成長率進步，全球競爭力也逐步提高。到時候，日本又可以成為實至名歸的經濟大國了。

況且，家人相處的時間也增加了，家庭圓滿的話甚至有機會促進生育率。

幕後最大的功臣不是充滿領袖氣質的政治家，也不是提出劃時代靈感的改革者，而是可愛又討喜的貓咪。

言歸正傳吧。

我認為那些掉落的毛，是跟貓咪一起生活的證明。

掉不完的毛，每天掃除還是掃不乾淨。

事實上這種狀況蠻麻煩的，我也不是真的完全不在意。

不過，看到那些毛經常會帶給我一種安心感。

大吉的毛不只掉進便當，還會黏在我的衣服上，或是跑到筆電的鍵盤間隙裡，掉進筆袋或夾在記事本裡也是常有的事。我真的很佩服大吉，牠的毛怎麼可以掉進那麼多地方。

從長遠的角度來看，養貓的生活總有一天會走到盡頭，貓毛搞不好會在我們遺忘大吉的時候跑出來。每次只要看到貓毛，我們就會想起過往的溫暖回憶，陶醉在幸福的氣氛中。

跟各位老實說，在我老家還找得到養了十七年的柴犬「千早」的毛。每次看到千早的毛我都會重溫舊夢，而且當初在千早死後我們還曾經搬過一次家，在這種情況下都還找得到毛，實在是很驚人。

跟貓咪一起生活，就是跟貓毛一起生活。

當我們發現那些貓咪留下的分身，就不得不思考貓咪的存在。也許，貓咪天生就懂得怎麼虜獲人類的芳心吧。

我已經年過三十五，眼看著就快要四十了，枕邊也有不少掉落的頭髮。我試著說服自己那是活著的證明，但還是很難接受。

話雖如此，應對的辦法也十分有限。我只能多吃一些對生髮有益的鹿尾菜，早點回家休息睡覺而已。

老婆大人做的便當和大吉的毛，對我保養頭髮非常有幫助，我真的很感謝他們。

我打開每天清掃房間的掃地機器人，裡面堆滿了大吉的毛。說不定我們家的垃圾，大部份都是大吉掉的毛吧。

不過，大吉的貓毛依舊濃密。

顯然，這種看到貓毛就感到窩心的生活還會持續下去。

相愛是苦

在一起生活難免會有爭執，
但那也是相愛才有的產物。

跟大吉生活，身上永遠有治不完的傷口。
例如，抱抱的時候被牠輕咬一口。
牠肚子餓了，會跑來咬我腳跟。
陪牠玩，也可能會不小心被爪子抓到。
明明前一刻還在我腿上睡覺，下一秒就突然爬起來踹我一腳。
因此，我的手腳上總是有傷痕。有時候我的胸口上還會有類似手術傷疤的抓痕，伴隨著火辣辣的痛楚。就連我現在寫作，敲鍵盤的手上也都還是有好幾條腫脹的抓痕和咬痕。

「怎麼不好好教育牠呢？」

相信一定有讀者是這樣想的對吧？如果我沒跟大吉一起生活，應該也會有同樣的想法。

不過，我覺得有傷痕也不是什麼壞事。

那些在我身上的傷痕，都是我和大吉互動的證明，也是我們溝通的痕跡。

貓咪不像人類，沒辦法用語言表達自己的心意。

牠們只能眉目傳情、搖搖尾巴、靠上來磨蹭、用貓掌抓抓之類的方法，來表達自己的情感。但有時候光靠這些手段，還是很難完全表達清楚。

遇到這種情況，用抓咬的方式彰顯存在感，表達自己的情緒是很正常的事情。好比心情愉快時不小心玩得太過火，不經意留下抓痕也沒什麼好奇怪的。

從人類的角度來看，這些行為乍看之下很沒有禮貌，可是對大吉來說卻是相當重要的溝通手段。

當然，很多時候牠的抓咬已經超出了所謂溝通的範疇，痛到我完全說不出話來。

話雖如此，我也不是什麼喜歡疼痛的被虐狂。

為了盡量減輕疼痛，我會頻繁修剪大吉的爪子，畢竟有備無患嘛。變長的爪子前端又尖又銳利，被抓到難免會流血見紅。事先修剪爪子的話，前端多少會比較圓滑，被抓到頂多就是腫起來而已。有時候大吉會極力反抗我修剪爪子，引發悲慘的下場，但這麼做還是能減輕我的痛楚。

每當我看到身上的傷痕，就會想起過去的經歷。

也就是大吉躲在籠子裡，不肯出來的那一段日子。

當時的大吉被強行帶來陌生的地方，終日過得膽戰心驚。

我們給大吉食物和飲水，幫牠更換新的貓砂，讓牠知道我們不會傷害牠，牠才悄悄地跑出來，壓低姿勢聞著房裡的味道。

當牠發現我和老婆大人，馬上又嚇得跑回籠子裡。習慣家中環境以後，牠會待在遠處觀察我們，跟我們對上眼又會提高警覺跑回籠子，我們只好裝作沒有發現的樣子，那都是很令人懷念的回憶啊。

之後大吉慢慢拓展自己的行動範圍，總算願意跑來聞我的腳，舔舔老婆大人的手指，怯生生地爬到我們腿上。

現在，我下班回到家裡，牠還會主動跑過來討抱。

我們在因緣際會下相知相識，物理和心靈上的距離也逐漸拉近，成為真正的家人。

一想到過去牠完全不肯碰我們，我真心覺得被牠抓傷沒什麼大不了。

人與人之間相處也經常會互相傷害。

再怎麼親密的伙伴，人生經歷也跟我們自己本身大相逕庭。所以難免會有誤解、對抗、爭執發生。

尊重彼此的差異雖然是最理想的狀態，但摩擦也會讓人際關係產生重大的變化。

相信大家都曾經有過跟某些對象發生爭執，最後變成老死不相往來的關係吧，我也有過同樣的經歷。

跟大吉一起生活讓我領悟一個很簡單的道理，那就是自己一個人的話，連要吵架或受傷的機會都沒有。

因此，在爭執或產生歧見的時候，記得說出下面這一段話，以免雙方從今以後結下樑子。

「今天我們的想法有很明顯的差異，日後就讓我們以這個差異為前提，好好商量一下解決之道吧。」

光是說出這一句話，彼此之間就不會因為意見不合而結怨或避不見面，可以避免一時衝動造成的悲哀下場。

到頭來，我們或許能跟對方打好關係，學習到不一樣的觀點，互相表達自己的主張也說不定。

現在我的好朋友，都是願意尊重彼此

差異的對象。

以前我總覺得讓事情順利進行比較重要，所以盡可能不與人發生衝突。但大吉天天在我身上留下傷痕，告訴我人與人互動的重要性。

倘若大吉會說人話，牠一定會說那是在指導我人生道理。

唯獨有一點我無法接受。

那就是大吉幾乎不會咬老婆大人，也不會猛力踹開她。

這種事情問了也得不到解答，可能老婆大人是大吉想要保護的對象，或是出於男性不能對女性出手的正義感吧。

有時我會觀察自己的身體，細數大吉留下的傷痕。

最近我則是會說服自己，跟老婆大人比起來我和大吉溝通得更加密切。

不過拜託一下，不要抓咬我的臉龐啊。

外出或是在室內辦公的時候，戴上口罩遮住傷痕就沒問題了，但我的工作經常要會見其他企業的人，很多情況下我不得不摘下口罩。

偏偏在我臉上有傷痕的時候，我都必須談論一些比較知性的話題。

「被貓咪欺負的人講這些話誰信啊？」

忍受這種眼神和氣息，繼續談論知性話題是一件很痛苦的事情。

感謝理所當然的事情

眼前的日常生活，其實是一連串特別事件的集合體。
我們要常懷著感恩的心情，對待身邊的人。

我喜歡在客廳度過悠閒的時光。

例如看書、欣賞電影或DVD、和老婆大人閒話家常。

我們坐在沙發上的時候，大吉多半在我們的大腿上舒服地睡覺。有時候牠會故意擠在我們夫妻倆中間，露出可愛的肚皮打盹。

我和老婆大人會在不吵醒牠的前提下，輕輕撫摸牠的背部或腦袋。這段時間是我們家就寢前的放鬆時光。

過一陣子，大吉會離開我們，彷彿想起有什麼事情要做一樣。有可能是去喝水、食用沒吃完的食物、上廁所等等。一直保持相同的睡姿也不舒服，有時候牠純粹是起來伸懶腰。夏天同一個地方待久了會熱，牠還會尋找比較涼快的地方。

大吉在屋內四處徘徊是司空見慣的事，我和老婆大人也沒有特別在意。到了深夜時分，我們各自刷牙盥洗準備就寢，在前往寢室上床睡覺以前，我們一定會跟大吉說晚安。

不過呢……。

大吉偶爾會不見蹤影。

平常大吉都是縮在沙發上，或是在地毯上躺成「ㄈ」字形。不然就是在貓塔上偷偷觀察我們，或是跑到窗簾後方睡覺，不願受到任何人打擾。

「大吉，晚安。你在這裡嗎？」

我會呼喚大吉，尋找牠可能躲起來的地方，卻始終找不到牠的身影。剛才放鬆的心情已不復見，我的內心越來越焦急。

「不可能，大吉怎麼可能跑掉呢，因為……。」

我試著回想家中的狀況，想到幾個大吉消失的可能性。

「我們有打開窗戶，讓夜晚的涼風吹進室內，牠是那時候跑出去的嗎？」

「我們刷牙的時候，客廳的門是開著的。牠該不會趁那時候跑出客廳，掉進浴缸裡面了吧？」

我想得越多，腦袋裡就越充斥負面的想像。由於工作養成習慣的關係，我凡事都會做好最壞的打算，不斷放大自己的不安。

我會拿著手電筒照亮陽台，試著呼喚大吉的名字，或是打開浴缸和馬桶蓋。家裡所有可以躲的地方我都找過一遍，然後再重新尋找先前已經確認過的地方。

不過，怎麼找就是找不到。

那是一種絕望的心情。

絕望無比的我，會先坐在沙發上整理自己的思緒。我會閉起眼睛，冷靜思考大吉可能躲藏或前往的地方。

待我再度張開眼睛，準備去尋找那些地方的時候，牠就會出現在我面前。

「你在幹什麼喵？怎麼一臉凝重的表情……。真可憐喵。」大吉會露出這樣的表情，反過來擔心我。

而我則是安心地嘆一口氣，同時一股難以言喻的怒意跟著湧上心頭。

「怎麼是你在擔心我啦，真正擔心的是我好嗎！」

可是，大吉絲毫沒有體察我的心情，牠一臉慈悲地走近我。

「好啦，有事情說來聽聽喵，來抱抱吧。我聽你講，放心我不會告訴別人的。來，抱抱也沒關係喔。」

我懷著五味雜陳的心情托起大吉，緊緊抱住牠小小的身體。

這種緊急情況太常發生我可受不了，後來我決定找出大吉藏身的秘密基地。只要找出牠躲藏的傾向尋思應對方法，就可以省下不必要的擔憂了。

在客廳度過悠閒時光，就是找出牠藏身地點的機會。

平常我並沒有特別留意大吉的行動，但是現在我會偷偷留意牠的動向。牠多半是去上廁所、吃東西、躲到窗簾後方。經我仔細觀察後，才發現原來牠會跑到很多地方，我甚至很訝異，一間小小的房子竟然有這麼多地方可以躲。

其中一個秘密基地，就是我的衣櫃裡面。

我的衣櫃擺在客廳的旁邊，裡面成了大吉的遊樂場。牠會爬到抽屜上面，或是戳戳那些垂吊的領帶，不然就是躲在沒拉拉鍊的電吉他背袋裡。可能擁擠的地方對牠來說，很適合遊玩或運動吧。

只要衣櫃稍微有一點縫隙，大吉就會手腳並用，把自己的腦袋擠進去，再利用反作用力關起衣櫃的門，這樣一齣密室事件就完成了。

那麼，牠要如何離開緊閉的衣櫃呢？

答案很簡單，撞擊門板衝出來就得了。

大吉還有另一個秘密基地，那就是箱型廁所後面的間隙。

我完全不能理解牠為什麼要躲那裡，箱型廁所和牆壁的縫隙才五公分左右，牠也要勉強鑽進去。鑽進去也沒有睡覺和玩鬧，就只是待在那裡而已。

據說貓咪喜歡狹窄的地方，也許擠進狹窄的地方會帶給牠們安心感吧，但這麼做也太沒有意義了。搞不好對大吉而言，這也是牠放鬆的方法吧……。

昏暗是這兩個地方的共通點。換句話說，大吉隱匿自己的方法就是與黑暗同化。我之所以找不到大吉，不光是躲藏地點太出人意料，牠還懂得用保護色來隱藏行蹤。

我把這個新發現的事實告訴老婆大人，老婆大人的表情絲毫不覺得意外，她反而很訝異為什麼我連這種常識都不知道。

大吉來到我們家也快五年了，曾經在我心中佔有一席之地的大吉，也變成理所當然的存在了。因為理所當然，所以我不會去特別在意牠，或是想要多瞭解牠。

大吉的消失，讓我領悟了這個道理。

打從那一天起，我明白到沒有任何事情是理所當然的，對於眼前的一切都應該要心懷感激。

大吉，謝謝你陪伴我們。

老婆大人，謝謝妳不離不棄。

人類不會把空氣中的氧氣放在心上，可若是沒有氧氣我們便活不下去。

同理，如果我的生活中沒有他們，我也沒辦法活下去。

保持距離反而能培養感情

不是整天膩在一起才叫感情好，
刻意保持距離不見面，反而能培養感情。

我、老婆大人、大吉，基本上都是在客廳共同生活。
就連吃飯、聽廣播音樂、睡午覺也幾乎是在那裡。
唯有一件事情例外，那就是晚上睡覺的時候。
我們家只有在睡覺時會分房休息。我和老婆大人會待在主臥室，大吉則待在客廳，雙方各自度過夜晚的時光。

「貓咪進入被窩裡，就像天然的暖暖包一樣呢。」

「雖然床鋪被貓咪佔領不太好睡，但這也是一種幸福啊。」

多數養貓咪的人，都覺得跟貓咪一起睡很幸福。

那麼，為什麼我們家晚上不一起睡呢？

主要的理由有二。

其一，分開睡會睡得比較好，對健康也有益處。

我和老婆大人不是什麼睡眠專家，卻很重視每天的睡眠品質。我們家的家訓有兩條，第一條「健康是最好的節約行為」，另一條是「掌握睡眠的人就能掌握人生」。

我們對睡覺的地方頗為講究，畢竟人生有四分之一以上的時間是在床上度過的。有時候我們會在睡前飲用有放鬆效果的洋甘菊茶，或是點燃有助眠功效的精油。

我們重視早睡早起，常保規律的生活節奏。

我們寧可跟大吉分開睡覺，各自好好休息，然後每天早上精神飽滿地醒來，感情良好地生活在一起。事實上，分開睡覺不會被大吉舔臉、咬腳、壓住身體，因此我們都睡得很熟，對健康十分有益。

其二，這是為了永遠在一起所做的措施。

我們之所以選擇分開睡覺，是為了避免罹患貓咪過敏症。

人類罹患貓咪過敏的原因眾說紛紜。我們讀過各種書籍和網路資訊，最有可信度的說法如下：

「夜晚睡覺時，人類的呼吸會比平常更深沉，更容易吸入細微的貓毛。當貓毛深入肺部等呼吸器官當中，就有可能引發貓咪過敏症。」

當初讀到這篇文章，我真的深受衝擊。

想跟貓咪當好朋友，想跟貓咪永遠在一起，這種純粹的心願竟然會拆散我們。創造人類和貓咪的造物主，給我們太殘酷的試煉了……。

無知是人生中最可怕的事情。

我們偶然得知了可能會引發過敏症的原因，那也只有從善如流了。所以我們除了不跟大吉一起在寢室睡覺，也不准大吉進入寢室，以免貓毛入侵室內。

基於這兩個理由，晚上我和老婆大人會到寢室睡覺，留大吉獨自在客廳。人和貓之間隔著一道短短的走廊，沒有辦法待在一起。

只是，這麼做也有一個問題。

我和老婆大人明白分開睡的理由，但大吉可不明白為什麼。

當大吉犯睏的時候，也會跟人類一樣變得愛撒嬌。所以打從我們同居以來，每天晚上牠都會發出生離死別的悲痛叫聲，叫我們陪牠睡覺，不要丟下牠一個。

我們夫妻倆很清楚大吉的脾氣，會盡量陪牠玩得很累，趁牠沉沉入睡的時候再去寢室。我們相信，這麼做可以盡量避免大吉難過。

本來是隻野貓的大吉，跟我們生活以後漸漸不再是夜貓子了，但晚上牠的精力還是特別充沛。如果我們在牠精神百倍的時候跑去睡覺，牠就會像發情的貓咪一樣狂叫，要我們陪牠玩耍或讓牠撒嬌。

雖然不理牠的話過一陣子就不會再叫了，問題是我們住在公寓裡，沒辦法無視鄰居的目光。牠的叫法和音量，會讓人誤以為我們在虐待貓咪，或是家裡有不分季節死命發情的貓。

因此我們只有兩個選擇，一是抱著被誤會的覺悟去睡覺，二是回到客廳陪伴牠。

話雖如此，勉強哄大吉去睡覺，溫柔地摸摸牠的身體，在牠耳邊像唸經一樣叫牠快點睡覺也沒用。

我和老婆大人會效法「北風與太陽」的故事，像溫暖的陽光普照大地一樣，用寬闊的心胸參加運動大會，陪牠消耗體力，而不是像北風那樣逼迫牠休息。

這一切，都是為了一起生活的必要措施。

在這個重要的目標之前，我的睡意如何根本微不足道。無論我工作再累再忙，累到差點打盹，身為逗貓師的我也有義務替大吉消耗體力。

每天一大早起床，我就會先跑去見大吉。大吉看到我也會全力撒嬌，彌補昨晚我們分開的時間，滿足牠昨晚想要撒嬌的衝動。

我們每天醒來會安排一段「早上抱抱」的晨光交流時間，互相感受對方的體溫。

倘若我早上太忙，或是差點遲到沒時間抱牠，牠就會鬧彆扭故意躲到窗簾後面。所以即使我早上不小心睡過頭，也一定要抽出時間抱抱牠。

再怎麼相愛或親密的對象，也總有分開的時候。但也正因為如此，在一起的時間才會更加珍貴，心靈的羈絆也更加深厚。

這帶給我一個體悟。

當我有了家庭，反而比獨居時更常感到孤獨。我細究這份情感的由來，發現那是因為我有真正想在一起的對象。
今後，我也會擁抱這份幸福與孤獨。

結語

一起來推廣良好的愛貓風潮，好好呵護貓咪吧

現今愛貓風氣大盛。

與貓咪有關的商品大賣，甚至還產生了一個新詞彙叫「貓咪經濟學」，完全打敗了安倍經濟學啊。根據一項調查顯示，二〇一五年日本人養貓的數量第一次超越了養狗的數量。

相對地，日本人喜歡跟風追流行，凡事都是三分鐘熱度。

我們都希望這股愛貓風氣，能夠隨著時間經過而深植人心，但也無法否認流行是會退燒的。

於是，我產生了一個想法。

「貓咪不應該是愛貓風氣的受害者，一起來推廣良好的愛貓風潮，好好呵護貓咪吧。」

這份心情也是我撰寫本書的契機。

那麼，身為一個文案寫手的我可以做些什麼呢？

答案就是鮮明地描寫我和大吉一起生活的感觸，以及牠教導我的訓示。我覺得與其說服大家去認養貓咪，不如用這些文章達到潛移默化的效果，讓大家知道認養貓咪是一件多棒的事情。

如果各位看完這本書，內心產生了認養貓咪也不錯的感情或觀念，那對我來說也是無上的喜悅。

我要感謝夏來怜先生，從大吉的角色設計到日文版的書籍外觀設計都是由他一手包辦。多虧有他大力相助，我才能將自己的心意出版成冊，送到各位讀者的手中。

日本經濟新聞出版社的網野一憲先生也很喜歡貓咪，從觀念分享到編輯作業都不遺餘力的提供我協助。寫這本書對我而言，也等於是把認養貓咪的感悟和美好，化為語言傳遞出去的一大挑戰。

另外，日本經濟新聞出版社的編輯部和營業部同仁，從我的上一本著作

《不只令人心動，更讓人行動的言語力》就一直很關照我，希望各位讀者也能多多支持我的這兩本著作。

再來，我很感謝老婆大人和剛出生的兒子，謝謝他們體諒我把空閒時間花在寫書上，每天提供我各種支持。也多虧有他們的支持，我才得以完整寫下大吉教我的訓示。

希望他們能摸著大吉，回想與大吉相處的點點滴滴，閱讀我撰寫的這一本書。

最後我要感謝大吉，謝謝你來到我們家，謝謝你陪伴在我的家人身邊。你是我的好友、家人、師傅，讓我們永遠在一起吧。

二〇一七年八月　梅田悟司

▲ 大吉近影

HEART
心|視野 心視野系列038

被浪貓撿到的男人

愛狗的我，收養了喵星人，人生從此改變軌跡

原書名：捨て猫に拾われた男

作　　者　梅田悟司
譯　　者　葉廷昭
總 編 輯　何玉美
編　　輯　簡孟羽
封面設計　張天薪
內文排版　顏麟驊

出版發行　采實文化事業股份有限公司
行銷企劃　陳佩宜・黃于庭・馮羿勳
業務發行　盧金城・張世明・林踏欣・林坤蓉・王貞玉
會計行政　王雅蕙・李韶婉
法律顧問　第一國際法律事務所　余淑杏律師
電子信箱　acme@acmebook.com.tw
采實官網　www.acmebook.com.tw
采實臉書　www.facebook.com/acmebook01

ISBN　978-957-8950-59-7
定　　價　300元
初版一刷　2018年10月
劃撥帳號　50148859
劃撥戶名　采實文化事業股份有限公司
104臺北市中山區建國北路二段92號9樓
電話：（02）2518-5198
傳真：（02）2518-2098

國家圖書館出版品預行編目資料

被浪貓撿到的男人：愛狗的我，收養了喵星人，人生從此改變軌跡/梅田悟司作；葉廷昭譯. -- 初版. -- 臺北市：采實文化，2018.10
224面；14.8×21公分. --（心視野系列；38）

ISBN 978-957-8950-59-7（平裝）

1. 生活指導

177.2　　107014185

采實出版集團
ACME PUBLISHING GROUP